FÜR

VON

DATUM

Übersetzung aus dem Amerikanischen: Dagmar Schulzki

Lektorat: Eva Heuser

Coverbild: © iStockphoto.com / Geber86

2. Auflage 2017
ISBN 978-3-86827-689-3

Falls nicht anders gekennzeichnet, sind die zitierten Bibelverse der *Neues Leben. Die Bibel* © 2002/2006 SCM R.Brockhaus im SCM-Verlag GmbH & Co. KG, Witten, entnommen.

Weitere verwendete Bibelübersetzungen:

Revidierten Elberfelder Bibel © 1985/1991/2008 SCM R.Brockhaus im SCM-Verlag GmbH & Co. KG, Witten

Neue evangelistische Übersetzung (NeÜ bibel.heute), © 2013 Karl-Heinz Vanheiden, www.kh-vanheiden.de. © sämtlicher Printausgaben: Christliche Verlagsgesellschaft mbH, 35683 Dillenburg, www.cv-dillenburg.de

Printed in Czech Republic

STEPHEN KENDRICK • ALEX KENDRICK

40 Tage LIEBE WAGEN

FÜR ELTERN

francke

INHALTSVERZEICHNIS

BEVOR DU ANFÄNGST, DIESES BUCH ZU LESEN, MÜSSEN WIR DICH WARNEN:

DIESE 40-TÄGIGE REISE WIRD NICHT LEICHT WERDEN.

SIE WIRD DICH VOR VIELE SCHWIERIGKEITEN UND HERAUSFORDERUNGEN STELLEN, ABER SIE WIRD DICH AUCH UNGLAUBLICH ERFÜLLEN. SIE IST EIN WAGNIS UND DIESES WAGNIS EINZUGEHEN ERFORDERT MUT UND ENTSCHLOSSENHEIT.

DU SOLLTEST DIESE REISE NICHT HALBHERZIG ANTRETEN ODER AUF HALBER STRECKE ABBRECHEN. WER VORZEITIG AUFGIBT, BRINGT SICH SELBST UM DEN GRÖSSTEN GEWINN. WENN DU DICH DAZU ENTSCHLIESST, DICH VIERZIG TAGE LANG JEWEILS EINER NEUEN HERAUSFORDERUNG ZU STELLEN, KÖNNTE DAS DEIN LEBEN UND DEINE KINDER VERÄNDERN.

ES SOLL DIR EIN ANREIZ SEIN, DASS VIELE VOR DIR DIESE REISE AUCH SCHON UNTERNOMMEN HABEN.

MACH DICH BEREIT

Vorwort der Autoren

Nachdem das Ehebuch *40 Tage Liebe wagen* 2008 in den USA veröffentlicht wurde, haben wir voller Begeisterung beobachtet, wie Millionen Menschen auf der ganzen Welt diese 40-tägige Reise angetreten und die darin enthaltenen Grundsätze in ihren Beziehungen umgesetzt haben. In unzähligen E-Mails wurde uns berichtet, wie die Romantik in Beziehungen neu entfacht wurde, wie zerrüttete Ehen gerettet und Menschen die Augen dafür geöffnet wurden, was wahre, hingebungsvolle Liebe wirklich bedeutet.

Seither wurde immer wieder der Wunsch an uns herangetragen, auch für die Beziehung zwischen Eltern und Kindern eine solche 40-tägige Reise zu entwickeln. Dieser Bitte sind wir gerne nachgekommen und legen nun voller Dankbarkeit *40 Tage Liebe wagen für Eltern* vor.

Dieses Buch wurde geschrieben, um Müttern und Vätern im täglichen Umgang mit ihren Kindern den Rücken zu stärken und sie ganz neu zu inspirieren. Es ist aufgebaut wie *40 Tage Liebe wagen* und doch eine völlig andere Reise!

Obwohl wir mittlerweile selbst insgesamt zwölf Kinder haben, gilt unsere ganze Dankbarkeit unseren Eltern Larry und Rhonwyn Kendrick, die uns liebevoll großgezogen und uns beim Schreiben dieses Buchs mit wertvollen Ratschlägen und Ideen unterstützt haben. Ihre Gebete, ihre Treue und ihr großartiges Vorbild haben uns über die Jahre hinweg geprägt und nahezu jedes dieser Kapitel beeinflusst.

Manche der erzieherischen Grundsätze in diesem Buch werden dir ausgesprochen einfach und selbstverständlich erscheinen, andere aber vielleicht den Anstoß für drastische

Veränderungen in deiner Familie geben. Entscheidend ist nicht, wie viel Neues du bei der Lektüre dieses Buches erfährst, sondern was du davon tatsächlich auf Dauer in der Beziehung mit deinen Kindern umsetzt. Wahrheit verändert, wenn sie richtig zur Anwendung kommt. Immer wenn du denkst: „Das weiß ich doch schon", solltest du dir als Nächstes die Frage stellen: „Aber *tue* ich das auch?" Wir hoffen, dass dir dieses Buch und deine Erfahrungen damit zu einer ganz neuen, dynamischen Denk- und Lebensweise verhelfen werden.

Jeder Elternteil weiß, dass es Bereiche gibt, in denen er besser werden sollte, aber oft haben wir keinen Plan, wie wir das erreichen können. Mit diesem Buch wollen wir viel beschäftigten Eltern Wege aufzeigen, wie sie jedes ihrer Kinder in allen ihren Lebensphasen noch mehr schätzen und genießen können. Wenn du es dir zur Gewohnheit machen kannst, deinen Kindern anhaltend deine aufrichtige Liebe zu zeigen, haben wir unser Ziel erreicht.

Gleichzeitig wollen wir mit diesem Buch dazu beitragen, dass deine Kinder sich dir von ganzem Herzen zuwenden und eure Beziehung auf gegenseitigen Respekt und Zuneigung gegründet ist. Es soll dir helfen, sie mit größerer Wirkung zu erziehen und zu bilden, um kommenden Generationen ein starkes Vermächtnis zu hinterlassen.

Wir haben uns bemüht, die Ratschläge und Grundsätze in diesem Buch so zu formulieren, dass sie sich bei Kindern vom Kindergarten bis zur weiterführenden Schule anwenden lassen. Dennoch wirst du manche Kapitel und Aufgaben eventuell an das Alter deiner Kinder und eure persönliche Situation anpassen müssen.

Wie auch immer dein Kind reagieren wird: Wir ermutigen dich weiterzumachen und die 40-tägige Reise zu genießen! Doch zunächst wollen wir auf fünf Fragen eingehen:

1. *Was ist, wenn ich alleinerziehend bin oder mein Ehepartner die Reise nicht mitmachen will?*
   Das ist kein Problem. Du kannst jede der gestellten Aufgaben leicht an deine persönliche Situation anpassen. Auf diese Weise hast du die beste Gelegenheit, deine Beziehung zu deinen Kindern eins zu eins zu pflegen und gleichzeitig deine erzieherischen Fähigkeiten zu verbessern.

2. *Was ist, wenn ich es nicht schaffe, den Zeitplan einzuhalten?*
   Fühl dich nicht schuldig, wenn es dir nicht jeden Tag gelingt, die Aufgabe perfekt zu erfüllen. Mach die Reise in deinem eigenen Tempo. Wenn du an irgendeinem Punkt zu kämpfen hast, denk daran, dass es wichtiger ist, weiterzugehen und die Reise zu vollenden, als es unbedingt in 40 Tagen zu schaffen. Aber tu dein Bestes, um durchzuhalten, und passe den Zeitplan wo nötig an.

3. *Was ist, wenn ich zurzeit von meinen Kindern getrennt bin?*
   Statt gleich aufzugeben: Sei kreativ! Konzentriere dich darauf, das zu tun, was dir möglich ist. Du kannst das Buch durchlesen und dann bei den Gelegenheiten, in denen du deine Kinder siehst, einen passenden Denkanstoß umsetzen. Du kannst die Aufgaben auch einfach in Gebete für deine Kinder umwandeln. Manche lassen sich auch per Post oder über das Internet lösen. Pass dich einfach an die gegebenen Umstände an.

4. *Was soll ich tun, wenn meine Kinder auf all das nicht ansprechen?*
   Bei dieser Reise geht es mehr darum, dass du lernst zu lieben, als um die Reaktion deiner Kinder. Mach einfach weiter. Die meisten Kinder werden unmittelbar positiv reagieren, doch andere brauchen vielleicht ein bisschen mehr Zeit.

Wenn ihr viele Jahre hinter euch habt, die von Schmerz und emotionalen Verletzungen geprägt waren, wird der Heilungsprozess länger dauern und größere Investition erfordern. Sei geduldig und betrachte die Sache langfristig. Man darf niemals die Kraft bedingungsloser Liebe unterschätzen.

5. *Soll ich mich bei dieser Reise auf jeweils eins meiner Kinder konzentrieren oder sie mit allen zusammen machen?*
   Das bleibt dir überlassen. Du kannst diese Reise mit jedem deiner Kinder einzeln unternehmen und sie dadurch für jedes von ihnen zu einer ganz besonderen Erfahrung machen. Aber das wird natürlich mehr Zeit erfordern. Wenn du diesen Weg einschlägst, wirst du deinen anderen Kindern bestimmt erklären wollen, was du tust, damit sie sich nicht zurückgesetzt fühlen. Ebenso gut kannst du die Reise mit allen deinen Kindern gemeinsam machen. Erfordert eine Aufgabe aber deine volle Aufmerksamkeit für ein Kind, dann lege eine Pause ein und widme dich jedem Kind einzeln, bevor du zur nächsten Aufgabe übergehst. Mach es einfach so, wie es für eure Situation am besten passt.

Wir hoffen, dass dieses Abenteuer frischen Wind in die Beziehung zwischen dir und deinen Kindern bringt. Und wenn du Neues entdeckst, vergiss nicht anderen davon zu erzählen, damit auch sie auf ihrem Weg inspiriert und ermutigt werden. Oder wünschst du dir nicht, deine Eltern hätten so etwas auch für dich getan? Hab den Mut zu lieben!

Gott segne dich,

Stephen und Alex Kendrick

ICH HABE EUCH GENAUSO GELIEBT,
WIE DER VATER MICH GELIEBT HAT.
BLEIBT IN MEINER LIEBE.

(JOHANNES 15,9)

LASS UNS ANFANGEN

Einleitung

In der Bibel heißt es, Kinder sind ein Geschenk des Herrn. Sie sind ein Lohn aus seiner Hand und wie scharfe Pfeile in der Hand eines Kriegers (siehe Psalm 127,3-4). Gott erschafft sie nach seinem Bild, er hat einen Plan für sie, er liebt sie grenzenlos und vertraut sie unserer Obhut an. Sie sind sowohl unser Erbe als auch unser geistiges Vermächtnis.

Deine Eltern sind in ihren Gewohnheiten wahrscheinlich schon ziemlich festgefahren, aber deine Kinder sind noch formbar. Auch wenn du in den Augen der ganzen Welt nur ein gewöhnlicher Mensch unter vielen anderen bist, kannst du für deinen Sohn oder deine Tochter weit mehr sein – der Held ihrer Geschichte, der Bezwinger ihrer Krise oder der Schöpfer ihrer Träume. Durch dich sollen sie jeden Tag ein Stück ihrer Identität und ihres Wertes entdecken.

Wenn wir wirklich begreifen könnten, wie schnell unsere Kinder erwachsen werden und wie kostbar jeder Augenblick mit ihnen ist, würden wir sicher einiges anders machen. Zwischen der Geburt und dem achtzehnten Geburtstag eines Kindes liegen etwa 6 575 Tage – so ungemein viele unbezahlbare Gelegenheiten. Natürlich sind und bleiben wir auch danach noch seine Eltern, doch leider versäumen es viele Mütter und Väter, diese wertvolle Zeit zu nutzen, weil sie ihr eigenes momentanes Vergnügen im Sinn haben und kleinen Erfolgen hinterherjagen. Doch all das vergeht.

Dieses Buch stellt dich vor die schwierige Aufgabe, deine Kinder zu lieben und sie zu prägen, solange du es kannst. Stell dir eure Zukunft vor wie ein Mosaik, das jedem deiner Kinder vor Augen führt, wie man selbstlos und bedingungslos liebt. Und jedes Steinchen darin ist ein gemeinsames Erlebnis. Mutter oder Vater zu sein ist wunderbar und gleichzeitig schwierig und es stellt dein ganzes Leben auf den Kopf. Und niemand sollte größeren Einfluss auf deine Kinder haben als du und dein Ehepartner. Für dieses Abenteuer möge Gott dich segnen!

Über eins jedoch musst du dir im Klaren sein: Du wirst Mut und Ausdauer brauchen. Wenn du die Herausforderung annimmst, darfst du nicht länger glauben, dass du deinem Herzen *folgen* kannst, sondern du musst dich bewusst dafür entscheiden, dein Herz zu *führen*. In der Bibel heißt es: „Trügerisch ist das Herz, mehr als alles" (Jeremia 17,9; Elberfelder) und es wird immer dem folgen, was sich im Moment richtig anfühlt.

Statt dich also von deinen Gefühlen beherrschen zu lassen, geht es auf dieser Reise darum herauszufinden, was wahre Liebe wirklich ist und deinen Kindern mit dieser Liebe zu begegnen – selbst wenn du momentan nicht sonderlich motiviert dazu bist. Tatsächlich ist Liebe eine Entscheidung, nicht nur ein Gefühl. Sie ist selbstlos, sie opfert sich auf und sie verändert. Wenn du deinen Kindern deine Liebe wirklich zeigst, wie Gott es sich gedacht hat, dann wirst du schließlich größere Freude empfinden, mehr bleibenden Einfluss auf deine Kinder haben und ihnen ein Erbe hinterlassen, in dem Bedauern keine große Rolle spielt.

Wie schon im Ehebuch *40 Tage Liebe wagen* setzt sich jeder Tag dieser Reise aus drei wichtigen Elementen zusammen:

Als Erstes werden wir einige einzigartige Aspekte der Liebe und deiner Rolle als Elternteil beleuchten. Lies dir diese Erläuterungen sorgfältig durch und sei offen dafür, ganz neu zu begreifen, was es bedeutet, deine Kinder aufrichtig zu lieben.

Zweitens werden wir dich jeden Tag vor die Herausforderung stellen, etwas für deine Kinder zu tun. Manche Aufgaben werden dir leichtfallen, andere dich an deine Grenzen bringen. Aber nimm jede Herausforderung ernst und stell dich ihr mit Mut und Kreativität. Gib nicht auf, wenn es dir aufgrund äußerer Umstände nicht auf Anhieb gelingt, eine Aufgabe zu erfüllen. Nimm den Faden einfach so bald wie möglich wieder auf und setze deine Reise fort.

Drittens hast du am Ende eines jeden Kapitels Platz für deine Notizen. Schreib auf, was du gemacht und was du gelernt hast und wie deine Kinder darauf reagiert haben. Nutze diese Möglichkeit, um festzuhalten, wie sich eure Beziehung entwickelt. Die Notizen zeigen deinen Fortschritt und werden dir und deinen Kindern in der Zukunft eine unschätzbare Hilfe sein.

Gib nicht auf und lass dich nicht entmutigen. Sei fest entschlossen, bis zum Ende durchzuhalten. Zu lernen wie man wirklich liebt – diese Erfahrung wird eine der wichtigsten sein, die du in deinem Leben je machen wirst.

Glaube, Hoffnung und Liebe, diese drei bleiben.
Aber am größten ist die Liebe. (1. Korinther 13,13)

WENN ICH IN DEN SPRACHEN DER WELT
ODER MIT ENGELSZUNGEN REDEN KÖNNTE,
ABER KEINE LIEBE HÄTTE,
WÄRE MEIN REDEN NUR SINNLOSER LÄRM WIE
EIN DRÖHNENDER GONG
ODER EINE KLINGENDE SCHELLE.

WENN ICH DIE GABE DER PROPHETIE HÄTTE
UND WÜSSTE ALLE GEHEIMNISSE
UND HÄTTE JEDE ERKENNTNIS
UND WENN ICH EINEN GLAUBEN HÄTTE,
DER BERGE VERSETZEN KÖNNTE,
ABER KEINE LIEBE HÄTTE,
SO WÄRE ICH NICHTS.

WENN ICH ALLES, WAS ICH BESITZE,
DEN ARMEN GEBEN
UND SOGAR MEINEN KÖRPER OPFERN WÜRDE,
DAMIT ICH GEEHRT WÜRDE,
ABER KEINE LIEBE HÄTTE,
WÄRE ALLES WERTLOS.

(1. KORINTHER 13,1-3)

TAG 1

Die Liebe bringt zur Blüte

Und ich bete, dass … ihr in der Liebe Gottes fest verwurzelt und gegründet seid. (Epheser 3,17)

Die Liebe ist das reinste und stärkste Motiv, das einen Menschen in seinem Leben antreiben kann. Sie tut immer das Beste für den anderen und lädt uns ein, in unseren Beziehungen neue Höhen zu erklimmen. Die Liebe bringt frischen Wind in unser Leben und lässt uns andere voller Freude beschenken. Jede Beziehung gewinnt durch die Liebe an Bedeutung und Tiefe. Ohne Liebe kann keine Familie wirklich glücklich sein.

Deshalb ist die Liebe der beste und reichhaltigste Nährboden, um deine Kinder aufwachsen zu lassen. So wie ein Gewächshaus den Pflanzen ideale Bedingungen für ihr Wachstum bietet, gibt es keine Umgebung, in der sich deine Kinder besser entwickeln könnten als in einem Zuhause voller Liebe. Eure Kinder sollten nicht nur die Frucht eurer Liebe sein, sondern auch fest in eurer Liebe verwurzelt sein und von ihr genährt werden – Tag für Tag.

Jedes Kind wird mit einem Hunger nach Liebe geboren, der sein ganzes Leben lang anhält. So wie seine kleine Lunge Sauerstoff braucht, so unbedingt braucht sein Herz Liebe. Die Liebe erfüllt ein Kind und schenkt ihm Kraft. Sie verleiht ihm Stabilität und Sicherheit. Söhne, die in liebevollen Familien aufwachsen, gehen für gewöhnlich aufrechter durch den Tag und schlafen tiefer in der Nacht. Töchter, die in der Liebe verwurzelt sind, strahlen mehr von innen und nehmen es nicht so schwer, wenn ihnen etwas nicht gelingt. Erfolge werden gefeiert; Misserfolgen wird durch liebevollen Trost so wenig Bedeutung wie möglich beigemessen.

Die Liebe, die du deinen Kindern schenkst, ist unendlich viel wertvoller als alles, was du ihnen kaufen könntest. Du kannst sie auf die angesehensten Schulen schicken, ihnen die teuersten Kleider besorgen, sie nach den klügsten Regeln erziehen und ihren schlimmsten Ängsten mutig entgegentreten. Aber wenn sie nicht in deiner bedingungslosen Liebe ruhen, vernachlässigst du ein viel wichtigeres Grundbedürfnis, das gestillt werden muss, damit sie in ihrem Leben wirklich erfolgreich sein können.

Es gibt eine Reihe von zentralen Fragen, die alle Kinder in ihrem Herzen bewegen: *Spiele ich überhaupt eine Rolle? Gibt es jemanden, der sich wirklich für mich interessiert? Bin ich gut genug?* Und Gott hat vor allen anderen ihre Mütter und Väter dazu bestimmt, diese Fragen im Lauf der Jahre immer wieder klar und deutlich zu beantworten.

Wenn Kinder sich nicht vollkommen geliebt fühlen, stehen sie ständig in der Gefahr, sich die ersehnte Bestätigung durch Leistung zu verschaffen. Oder sie möchten bei anderen gut dastehen. Sie sind oft unsicher und werten jeden Fehler, den sie machen, als eine Katastrophe, weil er ihr Selbstwertgefühl und ihre Identität erschüttert.

Aber was passiert, wenn sich ein Kind von seinen Eltern innig geliebt fühlt, über all die Jahre hinweg? Seine Bedürfnisse werden gestillt. Seine Träume werden unterstützt. Es fühlt sich verstanden. Es weiß sich in der Zuneigung seiner Eltern aufgehoben. Solche Kinder lernen Regeln kennen und werden beschützt. Sie werden zurechtgewiesen und angenommen. Sie vertrauen auf deine Geduld und wissen, dass du ihnen vergibst. Deshalb können sie offen und ehrlich zu dir zu sein, ohne befürchten zu müssen, dass du überreagierst. Durch die Stabilität, die deine Liebe ihnen verleiht, werden sie sogar große Enttäuschungen gut überstehen.

Doch es gibt noch einen weiteren Grund, warum du darauf hinarbeiten solltest, dass sich zwischen dir und deinem Kind eine solche liebevolle Beziehung entwickelt: Sie ist die beste Basis, um ihm und damit auch den zukünftigen Generationen dein geistiges Erbe – deine Überzeugungen, deine Werte und deinen Glauben – weiterzugeben.

Die Liebe schafft einen sicheren Rahmen, innerhalb dessen wir uns mit den Lektionen und den harten Tatsachen des Lebens auseinandersetzen können. Tadel und Zurechtweisungen sind leichter zu verdauen, wenn sie mit echter Liebe gewürzt sind. Es wird deinen Kindern erheblich leichter fallen, die Lügen anderer zu erkennen und zurückzuweisen, wenn du sie in der Sicherheit und Geborgenheit eures Zuhauses liebevoll die Wahrheit gelehrt hast.

In der Bibel heißt es dazu: „Dann werden wir nicht länger wie Kinder sein und uns ständig von jeder fremden Meinung beeinflussen oder verunsichern lassen, nur weil geschickte Betrüger uns eine Lüge als Wahrheit hinstellen. Stattdessen lasst uns in Liebe an der Wahrheit festhalten und in jeder Hinsicht Christus ähnlicher werden …“ (Epheser 4,14-15).

Auch wenn es in diesen Versen um das geistliche Wachstum innerhalb der Gemeinde geht, ist es für eine wirkungsvolle Erziehung – wie auch für *jede* andere Beziehung – gleichermaßen unerlässlich, dass wir „in Liebe an der Wahrheit festhalten“. Die Wahrheit leitet uns in dem, was wir sagen, während die Liebe bestimmt, wie, wann und warum wir es sagen. Wenn der Same der Wahrheit in den fruchtbaren Boden der Liebe fällt, wird der Ertrag viel größer sein.

Wahrheit und Liebe gemeinsam bauen großes Vertrauen zwischen dir und deinem Kind auf. Ist die Beziehung zwischen Eltern und Kindern hingegen von Zorn, Bitterkeit, Unsicherheit oder emotionaler Isolation geprägt, ist das genaue Gegenteil der

Fall. Dann werden Eltern ihrem Kind die Wahrheit aufzwingen, ihr Inhalt wird meist verdreht und am Ende von den Kindern abgelehnt. In der Folge wuchern Schmerz und Missverständnisse leise wie Unkraut und ersticken möglicherweise alles, was du ihnen zu sagen versuchst. Selbst wenn du dich noch so deutlich ausdrückst, fallen deine Worte vielleicht auf vergifteten Boden, wo sie keine Wurzeln schlagen können. Deshalb ist es so wichtig, alte Verletzungen in deinem Kind immer ans Licht zu bringen und dich einfühlsam darum zu kümmern, dass das Problem aus der Welt geschafft wird. Nur so wird dein Kind wieder bereit sein, dir zuzuhören und dir sein Herz zu öffnen.

Prüfe dich anhand der folgenden Fragen:

- Wie liebevoll und fruchtbar ist der Boden in unserer Familie?
- Wie viel Liebe lasse ich meine Kinder jeden Tag spüren?
- Kommen die Wahrheiten, die ich ihnen vermittele, bei ihnen an und schlagen sie Wurzeln? Oder ignorieren sie sie einfach?
- Welche giftigen Substanzen oder Unkräuter müssen entfernt werden?

Vielleicht bist du in einem sehr liebevollen Zuhause aufgewachsen und es ist für dich ganz leicht und normal, deine Kinder mit Liebe zu überschütten. Vielleicht ist deine Sehnsucht nach Liebe aber auch weitgehend unerfüllt geblieben und du versuchst jetzt, deinen Kindern zu geben, was du selbst nie bekommen hast und was dir nie vorgelebt wurde. Aber ganz gleich welche Erfahrungen *du* gemacht hast – fang noch heute an, für deine Kinder eine liebevolle Umgebung zu schaffen, in der sie aufblühen können.

DEINE HERAUSFORDERUNG FÜR HEUTE

WORTE HABEN KRAFT UND SIND EINE WUNDERBARE MÖGLICHKEIT, ANDEREN DEINE LIEBE ZU ZEIGEN. DEINE ERSTE AUFGABE IST ZIEMLICH EINFACH: SAGE DEINEN KINDERN HEUTE ZU EINEM GEEIGNETEN ZEITPUNKT, DASS DU SIE LIEBST. SAG ES IHNEN PERSÖNLICH ODER RUF SIE AN, ABER LASS DEN TAG NICHT VERSTREICHEN, OHNE DASS SIE HEUTE DIE WORTE „ICH LIEBE DICH“ VON DIR HÖREN.

❑ Setze hier ein Häkchen, wenn du die heutige Herausforderung bewältigt hast.

Wie haben deine Kinder auf deine Worte reagiert? Ist dir diese Aufgabe leicht gefallen oder hast du dich damit schwergetan? Warum ist es so wichtig, diese drei kleinen Worte, die so oft als selbstverständlich angesehen werden, immer wieder auszusprechen?

Ich gebiete euch, einander genauso zu lieben,
wie ich euch liebe. (Johannes 15,12)

TAG 2

Die Liebe ist geduldig

Und ihr Väter, seid nicht ungerecht gegen eure Kinder. Erzieht sie vielmehr mit Disziplin und zeigt ihnen den richtigen Weg, so wie es Christus entspricht. (Epheser 6,4)

Wenn du jemanden wirklich liebst, wird dein Verhalten von zwei entscheidenden Eigenschaften geprägt: Geduld und Freundlichkeit. Tatsächlich bauen viele andere Facetten der Liebe auf diesen beiden Säulen auf. Liebe zeigt sich in Form von *Geduld*, wenn sie etwas Negatives in Luft aufzulösen sucht; als *Freundlichkeit* zeigt sie sich, wenn sie etwas Gutes initiiert. Die Geduld holt tief Luft, die Freundlichkeit atmet Leben aus. Natürlich erfordert die Erziehung eines Kindes einen unbegrenzten Vorrat an beidem. Aber heute werden wir uns auf die erste dieser beiden unentbehrlichen Eigenschaften konzentrieren – die *Geduld*.

Wir sind geduldig, wenn wir uns aus Liebe dafür entscheiden, in einer bestimmten Situation einen langen Atem zu haben – zum Wohl eines anderen. So wie es ein erfahrener Landwirt tut, der weiß, dass seine Felder nur dann reiche Frucht tragen, wenn er bereit ist, sie in der sengenden Hitze der Sonne zu bestellen. Oder wie ein kluger Bauherr, der viele Stunden damit verbringt, über den Bauplänen zu brüten, Verträge auszuhandeln und das Baumaterial zu beschaffen, damit sein Traum Wirklichkeit werden kann. Sowohl der Landwirt als auch der Bauherr brauchen Ausdauer und Beharrlichkeit, um alle Widerstände zu überwinden. Sie müssen konsequent jeden Tag Zeit und Mühe investieren, bis sie sich über die reiche Ernte oder das fertige Haus freuen können.

Dasselbe gilt für liebevolle Eltern. Sie geben sich große Mühe, ihre Kinder zu erziehen und zu formen, bis sie erwachsen sind, und letztendlich werden sich ihre Arbeit und ihre Opfer auszahlen. Aber bis es so weit ist, brauchen auch sie einen großen Vorrat an Geduld. Wir alle brauchen diese wunderbare Eigenschaft, aber kaum jemand freut sich, wenn er von ihr Gebrauch machen muss. Doch die Liebe lädt uns dazu ein, uns als Eltern oft in Geduld zu üben. Und wenn wir das tun, wachsen und reifen wir persönlich – wie auch unsere Kinder – und wir finden inmitten aller Probleme die so notwendige Gnade und Frieden.

Kinder besitzen die erstaunliche Fähigkeit, die Geduld ihrer Eltern auf die Probe zu stellen, sei es durch ihren Tonfall, durch Ungehorsam, verantwortungsloses Verhalten oder einen Mangel an Respekt. Sind sie dann mit ihrer Geduld am Ende, werden Eltern manchmal so zornig, dass sie in der Hitze des Gefechts Dinge sagen oder tun, die ihre Kinder verletzen. In der Folge tragen diese oft viele Jahre lang eine tiefe emotionale Wunde mit sich herum.

Deshalb ist Gottes Geduld so beispielhaft für uns. Auf dem Gipfel des Sinai fand Mose heraus, warum Gott es hinnahm, dass seine Kinder rebellisch waren und sich pausenlos beklagten. Gott sagte: „Ich bin der Herr, der barmherzige und gnädige Gott. Meine Geduld, meine Liebe und Treue sind groß“ (2. Mose 34,6). Seine unendliche Liebe war größer als sein Zorn. Wenn Gott sich dafür entschied, seinem Zorn Raum zu geben, waren dem stets etliche Situationen vorausgegangen, in denen er seinem Volk großes Mitgefühl und Geduld gezeigt hatte.

Gott ist uns als seinen Kindern gegenüber auch heute noch gnädig und geduldig. Wenn wir wenig liebenswürdig und egoistisch sind, wenn wir ungehorsam sind und Gottes Weg verlassen, sollten wir uns deshalb stets seine anhaltende Liebe zu uns ins Gedächtnis rufen und sie gemäß seinem Vorbild an unsere Kinder weitergeben.

Wir müssen alles dafür tun, dass wir vor unseren Kindern nicht aus der Haut fahren. Wenn sie sehen, dass wir unseren Zorn beherrschen, werden sie lernen, auch ihren Zorn zu beherrschen. In der Bibel heißt es: „Sündigt nicht, wenn ihr zornig seid …" (Epheser 4,26). Manchmal ist Zorn auch angemessen, aber wir dürfen nie zulassen, dass er außer Kontrolle gerät. Bestrafung und Korrektur müssen klug dosiert werden – und ihnen muss immer unsere liebevolle Geduld vorausgehen.

Würden deine Kinder von dir sagen, dass du zornig und frustriert bist? Oder würden sie dich stattdessen als einfühlsam und geduldig beschreiben? Die Liebe entscheidet sich für Zurückhaltung. Sie lässt dich deine Gefühle beherrschen, statt zuzulassen, dass sie dich beherrschen. Sie fordert dich auf, dir eine lange Zündschnur zuzulegen, damit du nicht gleich explodierst. Wenn du aber in die Luft gehst, obwohl es dem Anlass gar nicht angemessen ist, dann erinnert dich die Liebe daran, dich zu beruhigen und dich sofort zu entschuldigen. Denn es steht viel auf dem Spiel!

Zorn ist grausam (siehe Sprüche 27,4). Er spaltet und isoliert. Er schwächt uns und verletzt andere. Er lässt uns unbedacht handeln, was wir später bereuen. Er macht fast nie etwas besser und schafft gewöhnlich noch zusätzliche Probleme.

Wenn du mit Zorn zu kämpfen hast, dann frag dich, warum das so ist: Sind deine Erwartungen realistisch? Bist du wütend auf jemand anderen und lässt deinen Zorn an deinen Kindern aus? Vielleicht schlummern in dir auch schmerzhafte Erinnerungen an die Zornattacken deiner Eltern dir gegenüber. Aber diesen Schmerz musst du nicht an deine Kinder weitergeben.

Manchmal wurzelt Zorn in unserer eigenen Sünde oder unserer Heuchelei. Die Bereiche, in denen wir uns am meisten über unsere Kinder ärgern, sind oft auch jene, in denen wir selbst Schwächen haben. Doch wenn wir überreagieren, weil sie falsche Verhaltensweisen oder Einstellungen an den Tag legen, die uns nur allzu vertraut sind, hilft uns das kein bisschen weiter. In solchen Situationen kann ein demütiges Bekenntnis deiner eigenen Schwächen deine Kinder mehr lehren als eine zornige Zurechtweisung. Wenn sie wissen, dass du sie liebst und dazu stehst, dass du auch nur ein unvollkommener Mensch bist, verleiht das deinen Ratschlägen und erzieherischen Anweisungen ein weit größeres Gewicht.

Geduld ist immer willkommen. Sie lässt den Menschen mehr Zeit, ihre Probleme zu bewältigen. Sie löst Konflikte, bevor sie in Streit ausarten. Sie bringt Frieden in Situationen, die zu eskalieren drohen. Geduld meint nicht Toleranz und sie ist kein Freibrief, der alles erlaubt. Sie ist vielmehr so klug, eine Situation zu überblicken und Raum für die angemessenen Schritte zu schaffen.

Natürlich müssen Eltern handeln, wenn ihr Kind leichtsinnig ist oder sich ihnen offen widersetzt. Aber dabei müssen wir zwischen tatsächlicher Rebellion und kindlicher Unwissenheit unterscheiden. Unsere Kinder denken nicht wie wir, warum also erwarten wir, dass sie handeln, wie wir es tun würden? Wenn wir ihr Verhalten richtig beurteilen wollen, müssen wir die Umstände, ihr Alter und ihren Reifegrad berücksichtigen.

Anstatt dich aufzuregen und in deinem Zorn womöglich unnötigen Schaden anzurichten, solltest du dich deshalb auf die Liebe besinnen und dich erst einmal beruhigen. Dann kannst du klug und überlegt handeln. Je geduldiger du heute bist, umso mehr Siege wirst du morgen feiern können.

DEINE HERAUSFORDERUNG FÜR HEUTE

SCHREIBE DIE WORTE „LIEBE IST GEDULDIG" AUF EINEN ZETTEL UND KLEBE IHN FÜR EINIGE WOCHEN AN DEINEN BADEZIMMERSPIEGEL ODER DEN KÜHLSCHRANK. IMMER WENN DEIN BLICK DARAUF FÄLLT, NIMM DIR FEST VOR, AN DIESEM TAG GEDULDIG MIT DEINEN KINDERN ZU SEIN UND IHNEN AUCH DADURCH ZU ZEIGEN, WIE SEHR DU SIE LIEBST.

❑ Setze hier ein Häkchen, wenn du die heutige Herausforderung bewältigt hast.

Sind dir bei der Lektüre dieses Kapitels Situationen in den Sinn gekommen, in denen du geduldiger hättest sein können? Ist heute etwas passiert, das dir die Gelegenheit gegeben hat, Geduld zu zeigen?

Denkt an die Bauern, die im Herbst und im Frühling eifrig nach Regen Ausschau halten. Geduldig warten sie darauf, dass die Ernte heranreift. (Jakobus 5,7)

TAG 3

Die Liebe ist freundlich

Seid stattdessen freundlich und mitfühlend zueinander und vergebt euch gegenseitig, wie auch Gott euch durch Christus vergeben hat. (Epheser 4,32)

Wahre Liebe drückt sich mit am besten in der Freundlichkeit aus, die du deinen Kindern zeigst. Wann immer du ins Zimmer kommst, sollten sie spüren, dass du eine liebevolle, freundliche Atmosphäre verbreitest. Freundlichkeit spornt uns an, gut für unsere Kinder zu sorgen. Sie verleiht unserem Verhalten ihnen gegenüber die richtige Würze. Wenn Geduld die Form von Liebe ist, die das Schlechte möglichst klein hält, dann zeigt sich Freundlichkeit als eine Liebe, die Gutes ins Leben ruft. Geduld hilft uns, Probleme zu vermeiden, während uns die Freundlichkeit dazu veranlasst, ein Segen zu sein.

Liebe macht dich freundlich und Freundlichkeit macht dich liebenswert. Wenn du freundlich zu deinen Kindern bist, werden sie gern in deiner Nähe sein. Tatsächlich wird dir Freundlichkeit in allen deinen Beziehungen Wohlwollen verschaffen und deinen Kindern Türen öffnen.

„Gnade und Treue sollen dir nicht verloren gehen", heißt es in der Bibel. „Trage sie wie eine Kette um deinen Hals und schreibe sie dir tief in dein Herz. Dann wirst du freundlich und klug werden und Anerkennung bei Gott und den Menschen finden" (Sprüche 3,3-4).

Freundlichkeit ist Liebe in Aktion. Sie lehnt es ab, passiv zu bleiben, und streckt sich nach anderen aus. Sie nimmt sich Zeit zuzuhören und greift dann aktiv ein, um zu helfen. Sie sucht nie nach dem leichtesten Weg oder der einfachsten Methode, um das Leben anderer positiv zu verändern.

Insbesondere macht Freundlichkeit einen Menschen bereit zu *dienen* – man sieht eine Not und versucht, sie zu lindern – und er wird andere ehren, indem er deren Interessen über die eigenen stellt, auch in kleinen Dingen. Zu Hause kannst du deinen Kindern Freundlichkeit vorleben, indem du ihnen dienst, ohne dich darüber zu beklagen, und sie dafür lobst, wenn sie selbst freundlich sind.

In der Bibel heißt es, die Güte Gottes zeigt sich darin, dass er seinen Kindern großzügig Gnade gewährt und ihnen genau das gibt, was sie brauchen (siehe Epheser 2,6-9). Und dasselbe sollen auch wir tun. Er gebietet uns, seinem Beispiel zu folgen, indem wir immer freundlich zu anderen sind (siehe Epheser 4,32) und damit sollten wir in unserer eigenen Familie beginnen.

Freundlichkeit bringt auch *Einsatzbereitschaft* mit sich. Sie macht uns hilfsbereit, sodass wir einer Bitte eher nachkommen, als sie abzulehnen. Sie hilft uns, umgänglicher zu werden und Harmonie anzustreben, statt auf unserem Standpunkt zu beharren. Sie lehrt uns loszulassen und zu geben, anstatt Widerstand zu leisten und Gutes zurückzuhalten.

Freundlichkeit spickt unsere zwischenmenschlichen Beziehungen ebenso mit *Sanftmut*. Sie macht uns sensibler und weichherziger. Sie lässt uns auf jedem Herzen eines Menschen, mit dem wir in Kontakt kommen, die Aufschrift „Vorsicht zerbrechlich“ lesen und wir erinnern uns daran, auf unseren Tonfall und unsere Wortwahl zu achten, damit wir nicht unnötig hart oder unsensibel sind. Fast alles, was wir sagen oder tun, könnte mit ein wenig mehr Freundlichkeit noch besser sein. Denk einmal darüber nach.

Warum ist das so wichtig? Weil es uns Eltern leicht passieren kann, dass wir auch gegenüber den Kleinen, die wir lieben, sehr unfreundlich werden. Vielleicht drängt sich dir der Gedanke auf, dass wir uns unseren Kindern gegenüber verhalten können, wie wir wollen. Schließlich sind wir ihre Eltern; wir sind so viel reifer und opfern so viel für sie. Haben wir ihnen nicht die Windeln gewechselt? Haben wir nicht jede Menge Geld in sie investiert und jahrelang ihre triefenden Nasen und ihr schlechtes Verhalten ertragen? Ja, das haben wir. Aber die Liebe erinnert uns daran, dass all unsere Opfer uns niemals das Recht geben, lieblos oder hart zu sein.

Väter sollen sich durch größere Freundlichkeit auszeichnen als andere Männer, mit denen ihre Kinder in Kontakt kommen. Danach sehnen sich ihre Kinder (siehe Sprüche 19,22). Müttern sollen stets freundliche Worte über die Lippen kommen, wenn sie mit ihren Kindern sprechen (siehe Sprüche 31,26).

Sei ehrlich: Bist du in den Augen deiner Kinder jemand, der zu ihnen und zu anderen immer freundlich ist? Gibst du ihnen so, wie du hinter dem Rücken eines Menschen von ihm sprichst, ein Vorbild für Freundlichkeit? Streckst du dich nach Menschen aus, die in Not sind, und unterstützt sie? Suchst du regelmäßig nach Gelegenheiten, um jemandem Freundlichkeit zu zeigen?

Deine Kinder nehmen die Signale, die du aussendest, viel sensibler auf als der Rest der Welt. Wenn du ihnen die kalte Schulter zeigst oder sie ignorierst, wird sie das verunsichern und wahrscheinlich werden sie nicht gut darauf reagieren. Schaffst du hingegen eine Atmosphäre zärtlicher Liebe und Freundlichkeit, werden sie viel eher bereit sein, dir zu erzählen, was in ihnen vorgeht, dir zuzuhören und das anzunehmen, was du ihnen sagst.

Wenn die Liebe dich antreibt, dann suchst du nach Gelegenheiten, deinen Kindern freundlich zu begegnen. Das bedeutet nicht, dass du ihnen alles abnimmst. Es kommt vielmehr darauf an, dass du sie liebst und sie gleichzeitig lehrst, andere zu lieben – in guter Ausgewogenheit. Um als Erwachsene erfolgreiche Eltern oder Leiter zu werden, müssen sie unter anderem bereits in ihrer Jugend das Herz eines Dieners entwickeln – das Herz, das sie auch in dir sehen sollten.

Deshalb solltest du sie dazu anhalten, sich euch als Eltern sowie ihren Geschwistern gegenüber in Freundlichkeit zu üben. Lass sie zum Beispiel das Essen für die anderen Mitglieder der Familie auftragen und gib ihnen Gelegenheit, sich umeinander zu kümmern. Wenn sie dazu bereit sind, nimm sie mit an Orte, wo sie anderen helfen und ein Herz für das Dienen entwickeln können. Macht zusammen einen Besuch in einem Seniorenheim oder bei einem gebrechlichen Nachbarn, der begeistert wäre, aus keinem anderen Grund als purer Freundlichkeit ein selbst gekochtes Essen zu bekommen. Hilf ihnen, für eine Witwe den Rasen zu mähen oder sich um Kinder zu kümmern, die keinen Vater zu Hause haben. Diese Erfahrungen werden deinen Kindern ins Bewusstsein rufen, wie kostbar und bedeutend andere Menschen in den Augen Gottes sind, und sie erkennen lassen, dass wir mit unserer Freundlichkeit Gott ehren und seinen Charakter widerspiegeln.

Wenn du freundlich zu deinen Kindern bist und sie ihrerseits ermutigst, freundlich zu anderen zu sein, trägst du deinen Teil dazu bei, dass sie das Herz entwickeln, das Gott sich wünscht. So sagt es die goldene Regel: Behandle andere so, wie du selbst behandelt werden willst, und gib großzügig an andere weiter, was du dir selbst von den Menschen wünschst, mit denen du jeden Tag lebst. Das ist der Segen der Freundlichkeit. Und so schön ist wahre Liebe in Aktion.

DEINE HERAUSFORDERUNG FÜR HEUTE

ÜBERRASCHE DEINE KINDER HEUTE
MIT EINER UNERWARTETEN GESTE DER FREUNDLICHKEIT.
BITTE SIE DANN, FÜR JEMAND ANDEREN,
DER EBENFALLS NICHT DAMIT RECHNET,
AUCH ETWAS FREUNDLICHES ZU TUN.

❑ Setze hier ein Häkchen, wenn du die heutige Herausforderung bewältigt hast.

Was hast du für deine Kinder getan, um ihnen deine Freundlichkeit zu zeigen? Wie haben sie darauf reagiert? Was haben sie für jemand anderen getan?

Pflanzt Gerechtigkeit, dann sollt ihr dementsprechend auch gute Früchte ernten. (Hosea 10,12)

TAG 4

Die Liebe ist Wertschätzung

Kinder sind ein Geschenk des Herrn, sie sind ein Lohn aus seiner Hand.
(Psalm 127,3)

Die Welt um uns herum vermittelt uns oft die Botschaft, dass Kinder eine Last sind. Kinder, so heißt es, stehen uns im Weg und machen uns das Leben schwer. Sie kosten uns viel Geld und wertvolle Zeit. Sie sind ungehorsam und nervtötend.

Deshalb entscheiden sich viele Paare dafür, keine Kinder zu bekommen, und verfolgen als Ziele stattdessen Geld, Erfolg, Vergnügen und Besitz. Und allen, die sich für Kinder entscheiden, wird eingeschärft, sich mit einem oder höchstens zwei Kindern zu begnügen.

Doch wenn ein Kind schließlich geboren und Teil der Familie wird, passiert etwas. Es stiehlt uns unser Herz und verändert unser ganzes Leben. Es führt uns jeden Tag aufs Neue ein Wunder vor Augen und lässt uns so manches Abenteuer erleben. Früher warst du auch ohne Kinder *zufrieden*, aber jetzt kannst du nicht mehr ohne sie *leben*. Du würdest für sie sterben. Deine größte Angst ist es, sie zu verlieren.

Und ironischerweise lässt jetzt auch diese Welt, die euch vorher von Kindern abgeraten hat, nichts unversucht, um ihre Aufmerksamkeit zu gewinnen. Plötzlich werben alle um sie, damit sie sich ihre Sendungen ansehen, ihre Slogans benutzen und ihre Produkte kaufen. Sie sollen ihre Veranstaltungen besuchen und ihre Jobs annehmen. Sie sollen sich für ihre Anliegen stark machen, ihre Kandidaten wählen und dafür kämpfen, dass sie ihre Ziele durchsetzen können.

Deshalb tun wir gut daran, auf den Rat aufrichtiger Liebe zu hören, statt auf die ständig wechselnde Meinung einer selbstzentrierten Gesellschaft. Die Liebe erinnert uns daran, dass Kinder ein unbezahlbarer, wünschenswerter und einzigartiger Schatz sind und es immer waren. Sie sind unser lebendiges Vermächtnis und jedes von ihnen trägt ein grenzenloses Potenzial in sich. Die Liebe hilft uns, sie so zu sehen, wie Gott es tut – als eine unserer größten Segnungen im Leben, als etwas Heiliges, das unserer Verantwortung anvertraut wurde, als unbezahlbaren Schatz und eine Quelle unendlicher Freude.

Die ganze Bibel hindurch lesen wir immer wieder, wie sehr Gott Kinder liebt. Das erste Gebot, das er den Menschen gab, lautet: „Seid fruchtbar und vermehrt euch …" (1. Mose 1,28). Von Liebe ist in der Bibel zum ersten Mal die Rede, als Gott von der tiefen Liebe spricht, die Abraham für seinen Sohn Isaak empfand (siehe 1. Mose 22,2). Die Segnungen, die Gott Abraham im Rahmen des Bundes versprach, den er mit ihm geschlossen hatte, beinhalteten vor allem viele Nachkommen und die Verheißung, dass durch diese Nachkommen alle Völker der Erde gesegnet sein würden (siehe 1. Mose 26,1-4). Die Familien sollten Gott ihre Erstgeborenen weihen (siehe 2. Mose 13,2). Der letzte Vers des Alten Testaments spricht von Gottes dringendem Wunsch, dass sich die Herzen der Väter ihren Kindern zuwenden mögen (siehe Maleachi 3,24).

Und die in dieser Hinsicht vielleicht anschaulichsten Verse lauten: „Kinder sind ein Geschenk des Herrn, sie sind ein Lohn aus seiner Hand. Kinder, die einem jungen Mann geboren werden, sind wie scharfe Pfeile in der Hand eines Kriegers" (Psalm 127,3-4).

Das Wort *Geschenk* bedeutet: ein Erbteil von Gott, ein Teil dessen, was er uns für unser Leben zugedacht hat (siehe Jesaja 54,17). Kinder sind wie die kostbare Frucht in einem Obstgarten;

der wunderbare Lohn, den wir bei all der Arbeit und Mühe, die wir investiert haben, genießen dürfen. Sie sind wertvolle, lebensrettende Pfeile in der Hand eines Kriegers, einzigartig erschaffen, um einen gewaltigen Einfluss auf die Welt auszuüben. Man beachte, dass all die Vergleiche, die hier gezogen werden – Erbe, Frucht, Pfeile – auf Dinge hinweisen, von denen Menschen normalerweise nicht genug bekommen können, und nicht auf etwas, das sie tunlichst vermeiden oder auf ein Minimum begrenzen wollen.

Als Jesus sah, dass seine Jünger die Kinder, die zu ihm kamen, mit barschen Worten abwiesen, tadelte er sie dafür und rief die Kinder stattdessen näher zu sich. Er sagte, dass ein großer Segen darauf liegt, wenn wir sie in unserem Leben willkommen heißen, denn „das Reich Gottes gehört Menschen wie ihnen" (Markus 10,14). Ein anderes Mal stellte er einen kleinen Jungen vor seine Jünger und sagte: „Wer so gering wird wie dieses Kind, der ist der Größte im Himmelreich. Und wer ein solches Kind in meinem Namen aufnimmt, der nimmt mich auf" (Matthäus 18,4-5).

Außerdem helfen uns Kinder dabei, als Eltern in unserer Persönlichkeit zu reifen. Durch sie lernen wir, nicht länger nur an uns selbst zu denken, sondern zu geben und Opfer zu bringen. Sie reißen uns aus unserer Wohlfühlzone heraus und erweitern unsere Fähigkeiten. Sie sprechen unsere Worte nach und stellen unsere Integrität auf den Prüfstand. Sie machen unseren Stolz offensichtlich und lassen uns demütiger werden. Durch sie sind wir zum Lieben viel lieber bereit. Es ist, als würden sie sagen: „Hier bin ich – ein Stück Lehm, das bereit ist, von dir geformt zu werden und deinen Namen zu tragen. Ich halte dir den Spiegel vor und zeige dir, wer du bist. Ich bin kostbarer als alles, was du besitzt, und ich könnte zu deiner größten Investition auf dieser Welt werden."

Kinder bereichern jede Phase unseres Lebens. Dein Geld wird dich nie lieben. Es wird dir nie einen Gutenachtkuss geben oder Weihnachten mit dir feiern. Dein Besitz wird nie vor den Traualtar treten und dir Enkelkinder schenken, auf deiner Beerdigung weinen oder dein Vermächtnis an die folgenden Generationen weitergeben.

Ganz gleich wie alt deine Kinder sind – wende dich ihnen wieder ganz neu zu und öffne ihnen dein Herz. Mach dir bewusst, wie wertvoll sie sind. Folge dem Beispiel Jesu, schließe sie in deine Arme und segne sie liebevoll, auch für ihr weiteres Leben (siehe Markus 10,16).

Sage ihnen, wie sehr Gott sie liebt.

Sage ihnen, wie sehr du sie liebst.

Machen Kinder viel Arbeit? Ja. Kosten sie uns viel Geld? Ja. Sind sie manchmal aufmüpfig und verursachen uns großen Stress? Ja. Aber sind sie auch unersetzlich und absolut unbezahlbar? Sind sie es wert, dass du dein Leben, deine Liebe, deine Zeit und deine Aufmerksamkeit in sie investierst? Absolut. Millionenfach.

Sie kommen direkt aus Gottes Hand und werden dir mit großer Liebe geschenkt. Sie sind die Frucht deines Lebens und Gottes lebendiger Lohn.

DEINE HERAUSFORDERUNG FÜR HEUTE

LASS DEINE KINDER HEUTE WISSEN, DASS SIE EIN GROSSER SCHATZ FÜR DICH SIND. SAG IHNEN IN DEINEN EIGENEN WORTEN: „IHR SEID EIN UNBEZAHLBARES GESCHENK FÜR MICH UND ICH BIN FROH, DASS ES EUCH IN MEINEM LEBEN GIBT." DANN DANKE GOTT DAFÜR, DASS ER SIE DIR GESCHENKT HAT UND DU JEDEN TAG DIE MÖGLICHKEIT HAST, SIE ZU LIEBEN UND WERTZUSCHÄTZEN.

❑ Setze hier ein Häkchen, wenn du die heutige Herausforderung bewältigt hast.

Betrachtest du deine Kinder eher als eine Last in deinem Leben oder als einen Segen von Gott? Inwiefern solltest du deine Einstellung ihnen gegenüber ändern? Was hast du heute zu ihnen gesagt?

Hier bin ich, zusammen mit den Kindern,
die Gott mir gegeben hat. (Hebräer 2,13)

TAG 5

Die Liebe ist voller Wunder

Dieses Wissen ist zu wunderbar für mich, zu groß, als dass ich es begreifen könnte! (Psalm 139,6)

Jedes Kind ist ein kleines, einmaliges Meisterstück. Duplikate gibt es nicht. Seine Fingerabdrücke, sein Herzrhythmus, Muster und Farbe seiner Iris und die Zusammensetzung seines Blutes sind einzigartig. Selbst eineiige Zwillinge können sich äußerlich gleichen, im Hinblick auf ihr Wesen und ihre Begabungen aber völlig verschieden sein. Unsere Kinder entwickeln sich nicht nur unterschiedlich, sie kommen bereits mit diesen Unterschieden zur Welt.

Auch wenn Lebensumstände und Erziehung das Leben der Kinder nachhaltig beeinflussen, zeigt sich in der Originalität, die bereits in jedes von ihnen eingepflanzt wurde, eine großartige schöpferische Planung. Jedes Geburtsmal ist zugleich eines ihrer Markenzeichen. Jede besondere Eigenschaft trägt die Unterschrift ihres göttlichen Schöpfers.

In der Bibel heißt es, dass Gott nicht nur den Mutterleib öffnet, damit er empfangen kann (siehe 1. Mose 30,22-23), sondern sich ganz persönlich daran beteiligt, den Körper und die Seele eines Kindes im Mutterleib zu formen (siehe Psalm 139,13-14). Er zeichnet den Entwurf für jeden kleinen Jungen und besitzt das Urheberrecht für jedes kleine Mädchen.

Doch Gottes Werk umfasst weit mehr als nur Geschlecht, Schuhgröße und Augenfarbe eines Kindes. In seiner Genialität prägt er auch bereits seine komplexe Persönlichkeit. Seine Stärken und Eigenarten und seine Art zu gehen. Seine Neigung, ungestüm voranzupreschen oder seine vorsichtige, abwartende

Art. Er wählt die Vorlieben des Kindes sorgfältig aus und versorgt es mit gesunden Leidenschaften.

Doch in alledem lässt er sich nicht vom Zufall leiten. Gott hat immer einen Grund, warum er ein Kind so und nicht anders erschafft. Er möchte, dass seine Kraft, seine Kreativität und sein Bild in jeder lebendigen Seele auf einzigartige Weise reflektiert werden. Selbst wenn er zulässt, dass ein Kind mit körperlichen Beeinträchtigungen geboren wird, sind seine Absichten gut (siehe Johannes 9,1-3). Seine Kraft offenbart sich oft am deutlichsten dort, wo Menschen schwach sind. Wenn wir ihm erlauben, sich in unserer Schwachheit stark zu zeigen, festigt das unseren Charakter und fördert das Mitgefühl in unserer Familie.

Darüber hinaus hat Gott deine Kinder mit allem ausgestattet, was sie brauchen, um anderen zu helfen (siehe Epheser 2,10). Er stellt sie zu einer bestimmten Zeit an einen bestimmten Ort und schenkt ihnen gutes Gelingen, wo andere Defizite haben, damit sie spezifische Bedürfnisse stillen können, mit denen andere überfordert sind.

Jedes deiner Kinder ist ein kleines Wunder und die Liebe lädt euch als Eltern dazu ein, das wunderbare Geheimnis ihres Wesens und ihrer Persönlichkeit zu entdecken.

Auf dieser Abenteuerreise ist es gut zu fragen: „Wie sind meine Kinder gestrickt? In welcher Hinsicht sind sie einzigartig? Wie werden sie als erwachsene Menschen sein? Was tragen sie in sich, das noch entdeckt und gefördert werden muss?"

Vielleicht hast du bereits erkannt, dass ihr Geschlecht und die Reihenfolge, in der sie geboren wurden, kein Zufall sind. Söhne und Töchter haben unterschiedliche Bedürfnisse. Er braucht Männerabenteuer, er muss Mut entwickeln und lernen, ein verantwortungsvoller Mann zu werden. Sie braucht liebevolle Bestätigung für ihr Äußeres, sie muss in ihrer Weiblichkeit bestärkt werden und braucht Anleitung, wie sie selbstlos auf andere zugehen kann.

Vielleicht versteht sich dein erstgeborenes Kind besser mit Erwachsenen als die anderen und ist gut darin, andere zu führen. Eventuell muss es aber lernen, nicht immer seinen Willen durchzusetzen. Das zweitgeborene Kind wetteifert vielleicht mehr mit anderen, während das jüngste unabhängiger ist. Aber sie alle brauchen Anleitung, um ihre Neigungen in eine gute Richtung zu lenken.

Hast du schon entdeckt, in welchen Bereichen dein Kind besonders intelligent ist? Manche Kinder können sich sehr leicht an Worte und Fakten erinnern, während andere einen ausgezeichneten Geschäftssinn haben. Das eine mag der geborene Ingenieur sein, das andere aber fantastisch in Freundschaften und in der Lage, Beziehungsprobleme mühelos aus der Welt zu schaffen. Manche besitzen eine große technische Begabung, andere sind hervorragende Komiker. Jedes wird sich auf irgendeine Art hervorheben und sollte in seiner Begabung ermutigt und wertgeschätzt werden.

Versuche auch herauszufinden, wie deine Kinder Liebe ausdrücken und auf welche Art sie Liebe empfangen. Natürlich sollst du jedes deiner Kinder so sehr lieben wie alle anderen, aber nicht unbedingt auf dieselbe Weise. Vielleicht wünscht sich das eine vor allem deine körperliche Zuwendung, einem anderen aber ist es am wichtigsten, dass du Zeit mit ihm allein verbringst. Beobachte, was deinem Kind am meisten Auftrieb gibt – wenn es gelobt wird, wenn ihm jemand dient oder wenn es auf irgendeine Art beschenkt wird. Wenn du herausfindest, was jedes von ihnen am meisten ausfüllt, kannst du deinen Fokus im Umgang mit jedem Kind strategisch auf diese Dinge ausrichten.

Zu einer liebevollen Erziehung gehören Beobachtung *und* Anleitung: Wir müssen zuhören und in Erfahrung bringen, wie ein Kind denkt, wie es sich entwickelt und welche Träume es hat. Wir müssen ihre von Gott gegebenen Neigungen von ihren vorübergehenden Sehnsüchten unterscheiden können. Wir müssen ihre Gewohnheiten beobachten, sie in ihren Schwächen schützen und in ihren Stärken bekräftigen.

Leider passiert es oft, dass Eltern ihre Kinder missverstehen und sie in die falsche Richtung führen. Oder sie verplanen ihre Zukunft frühzeitig und zwingen sie dann, etwas zu werden, das Gott nie für sie im Sinn hatte. Aber damit lösen sie nur Frustration in ihnen aus. Wenn deine kleine Tochter am Klavier aufblüht, zwinge sie nicht, die Tuba zu traktieren. Wenn dein Sohn gerne schreibt und singt, setz ihn nicht herab, weil er kein überragender Stürmer ist. Gib dir vielmehr Mühe, den Schatz zu entdecken, der dir geschenkt wurde. Akzeptiere deine Kinder so, wie sie sind, und bestätige sie in ihrer Wesensart. Sorge dafür, dass die Samen, die Gott in sie hineingelegt hat, aufgehen, indem du sie bewässerst und pflegst.

Nur so gibst du ihnen die Chance, nicht die Träume anderer zu verfolgen, sondern erwachsen zu werden und sich ihrer eigenen Ziele sicher zu sein. Dann können sie – dank deiner planvollen Liebe und Hilfe – mit frohem Herzen die Worte des Psalmisten wiederholen, der betete: „Du hast alles in mir geschaffen und hast mich im Leib meiner Mutter geformt. Ich danke dir, dass du mich so herrlich und ausgezeichnet gemacht hast! Wunderbar sind deine Werke, das weiß ich wohl" (Psalm 139,13-14).

DEINE HERAUSFORDERUNG FÜR HEUTE

DANKE GOTT DAFÜR, WIE ER DEINE KINDER ERSCHAFFEN HAT. ÜBERLEGE DIR DANN, WAS JEDES VON IHNEN AM MEISTEN SCHÄTZT – KÖRPERLICHE ZUWENDUNG, LOB UND BESTÄTIGUNG, ZEIT UND UNGETEILTE AUFMERKSAMKEIT, GESCHENKE ODER HILFE IN EINER NOT. WENN DU WEISST, WIE JEDES DEINER KINDER VORRANGIG LIEBE GIBT UND EMPFÄNGT, DANN NIMM DIR HEUTE ZEIT FÜR JEDES VON IHNEN UND ZEIGE IHNEN DEINE LIEBE AUF DIESE WEISE.

❑ Setze hier ein Häkchen, wenn du die heutige Herausforderung bewältigt hast.

Welche Stärken siehst du in deinen Kindern und wie kannst du deine Dankbarkeit ausdrücken dafür, wie Gott sie erschaffen hat? Wenn du dir nicht sicher bist, auf welche Weise deine Kinder zuerst Liebe geben und empfangen, überlege dir, worum sie dich am häufigsten bitten und worüber sie sich am meisten beklagen, wenn sie es nicht bekommen. Wie hast du ihnen heute deine Liebe gezeigt? Wie haben sie darauf reagiert?

Du hast mich gemacht und mich geschaffen. Nun schenke mir auch Einsicht, deine Gebote zu befolgen. (Psalm 119,73)

TAG 6

Die Liebe ist nicht selbstsüchtig

Seid nicht selbstsüchtig; strebt nicht danach, einen guten Eindruck auf andere zu machen, sondern seid bescheiden und achtet die anderen höher als euch selbst. (Philipper 2,3)

Kinder sind die Hausaufgabe Gottes für Eltern. Wir haben den Auftrag, sie zu lieben, sie zu lehren und sie für ein erfolgreiches Erwachsenenleben heranzubilden. Doch dieser Prozess erfordert viel Sorgfalt und Konzentration – und er wird nur dann die gewünschte Frucht bringen, wenn es den Vätern und Müttern gelingt, sich jeden Tag über eins hinwegzusetzen, das sich ihnen bei dieser wichtigen Aufgabe in den Weg stellt: *ihre eigene Selbstsucht.*

Selbstsucht ist wie eine Krankheit, die unsere Fähigkeit zu lieben erstickt. Während die Liebe uns bittet, uns zugunsten eines anderen selbst zu verleugnen, fordert die Selbstsucht, dass wir auf Kosten anderer zuerst auf uns selbst sehen. Wenn wir selbstzentriert leben, werden wir unfreundlicher und unzufriedener – und gleichzeitig bedürftiger, empfindlicher und fordernder. Es wird immer schwieriger, unseren Ansprüchen gerecht zu werden. Auch Launenhaftigkeit und Ungeduld, Faulheit und Verantwortungslosigkeit sind nichts weiter als andere Erscheinungsformen der Selbstsucht.

Und wir alle haben mit Selbstsucht zu kämpfen. Wir verabscheuen diesen Charakterzug bei anderen, rechtfertigen ihn jedoch bei uns selbst. Fast jede falsche und sündhafte Handlung lässt sich auf ein selbstsüchtiges Motiv zurückführen.

Die Liebe hingegen „sucht nicht das Ihre" (siehe 1. Korinther 13,5; Elberfelder). Sie findet ihre Erfüllung darin, anderen

Freundlichkeit, Gesundheit und Segen zuteilwerden zu lassen. Liebevolle Eltern tun alles, damit die fehlerhaften kleinen Menschen, die Teil ihres Lebens sind, in jeder Hinsicht gut versorgt sind.

Selbstlose Menschen sind wunderbare Freunde, Ehepartner und Eltern. Sie sind bereit, ihre eigenen Bedürfnisse zurückzustellen und haben Freude daran, andere zu lieben, sie zu beschenken und ihnen zu dienen. Je mehr wir alle lernen, unserer Selbstsucht jeden Tag bewusst den Rücken zu kehren, umso stärker und liebenswerter können wir werden und umso erfüllter wird unser Leben.

Die Maxime der Gesellschaft lautet, dass wir uns auf unsere persönlichen Gefühle konzentrieren und unseren Wünschen die höchste Priorität einräumen sollen. Doch sobald wir Kinder bekommen, machen uns diese einen dicken Strich durch die Rechnung. Sie müssen ständig gefüttert und gewickelt, gebadet und angeleitet werden. Das verlangt uns einiges ab – auch dann noch, wenn sie älter werden und vieles schon allein tun können. Sie schreien, wenn wir uns Ruhe wünschen, sie streiten miteinander, wenn wir Frieden wollen, und klopfen auch mal zu höchst ungelegener Zeit an unsere verschlossene Schlafzimmertür.

Manche Eltern betrachten die Verantwortung für ihre Kinder als Last, weil sie sich in ihrer Freiheit zu tun, was sie wollen und wann sie wollen, eingeschränkt fühlen. Aber was hier *tatsächlich* passiert, geht viel tiefer: Unsere Kinder führen uns unsere Selbstsucht in lebendigen Farben vor Augen; sie sind wie eine Einladung, jenseits der eigenen selbstsüchtigen Ansprüche zu leben.

Das ist einer der Nebeneffekte der Elternschaft. Gott gebraucht unsere Kinder, um uns zu helfen, weniger selbstzentriert und ichbezogen und dafür liebevoller zu werden ... so wie er. Gott dehnt und streckt uns und lässt unseren Charakter reifen – durch unendlich viele Gelegenheiten, in denen wir uns selbst verleugnen, geduldig sind und aus Liebe zu unseren Kindern Opfer bringen. So wie er es auch für uns tut.

Wir müssen also darauf achten, dass wir gegenüber unseren Kindern nicht selbstsüchtig *unsere* Interessen vertreten. Doch genauso sollen wir auch *ihre* Interessen nach außen hin nicht selbstsüchtig durchsetzen. Letztendlich gehören sie Gott sogar mehr als uns. Und das Liebevollste, was wir für sie tun können, ist, sie ihm bereitwillig zurückzugeben, sie ihm zu weihen und uns davor zu hüten, unsere oder ihre eigenen Wünsche für ihr Leben über die Wünsche Gottes zu stellen.

Die biblische Geschichte von Hanna (siehe 1. Samuel 1-2) gibt uns ein wunderbares Beispiel für eine kluge Sicht auf unsere Kinder. Hannas sehnlichster Wunsch war es, eigene Kinder zu bekommen, doch sie war unfruchtbar. Sie beugte sich vor dem Herrn und flehte ihn inständig an, ihr ein Kind zu schenken, und er segnete sie mit Samuel. Aus Dankbarkeit weihte Hanna ihren geliebten Sohn selbstlos dem Herrn und Gott gebrauchte ihn später auf mächtige Weise, um ihr Volk zu segnen und seinen Königen mit Rat und Tat zur Seite zu stehen.

Im Lukasevangelium lesen wir, dass Maria und Josef ihren Sohn Jesus im Tempel dem Herrn weihten (siehe Lukas 2,22) und bei seiner Erziehung in den folgenden Jahren stets darauf achteten, Gott zu ehren, weil sie wussten, dass er seinem himmlischen Vater gehörte.

Auch du trägst die Verantwortung für die Kinder, die Gott dir anvertraut hat. Es ist deine Aufgabe, für ihre Ernährung, ihre Ausbildung und ihr Wohlergehen zu sorgen und sie darüber hinaus dem Herrn zu weihen und alles daranzusetzen, sie mit Gottes Hilfe und Gnade zu erziehen. Du darfst nicht zulassen, dass deine Selbstsucht dir den Blick verstellt auf das, wozu Gott dich berufen hat. Sonst kann es leicht passieren, dass deine Haltung aus dem Gleichgewicht gerät und du deine Kinder entweder wie eine Last behandelst, dich um sie sorgst wie um deinen Besitz oder sie gar vergötterst.

Aber wenn du erkennst, dass sie Gott gehören und er sie deiner liebevollen Obhut anvertraut hat, kannst du sie als Gottes Schatz ansehen, den er dir für eine gewisse Zeit überlassen hat, damit du Freude an ihm hast und dich um ihn kümmerst. Eltern, die ihre Kinder zur Priorität machen oder sich ganz über sie definieren, tun sich viel schwerer damit, sie loszulassen. Wenn ihre Kinder schließlich erwachsen sind und aus dem Haus gehen, sehen sie sich oft damit konfrontiert, ihre Identität und ihren Wert neu definieren zu müssen.

Wir müssen bedenken, dass Selbstsucht und Liebe im ständigen Widerstreit stehen. Du kannst nicht gleichzeitig aus Liebe und aus Selbstsucht heraus handeln. Die Selbstsucht veranlasst uns, unsere Hobbys, unsere Freizeitgestaltung und unsere Bequemlichkeit über die Bedürfnisse unserer Kinder zu stellen. Viele Eltern wollen keine weiteren Kinder haben, damit sie sich im Hinblick auf ihre eigenen Bedürfnisse nicht noch mehr einschränken müssen.

Wenn du deine Kinder liebst, wirst du zu dem, was du selbst willst, Nein sagen, damit du zu dem, was sie brauchen, Ja sagen kannst. Das heißt nicht, dass deine persönlichen Wünsche unerfüllt bleiben müssen. Es bedeutet aber, dass du das Wohlergehen deiner Kinder und ihre Bedürfnisse nicht ignorierst, damit du selbst auf deine Kosten kommst. Die Liebe kämpft mit einem Herzen voller Dankbarkeit für das, was in Gottes Augen das Beste ist. Wir sollten Gott dafür danken, dass er uns jeden Tag die Gelegenheit gibt, unsere Kinder selbstlos zu lieben und dabei stärker, weiser und Christus immer ähnlicher zu werden.

DEINE HERAUSFORDERUNG FÜR HEUTE

NIMM DIR HEUTE IM GEBET EIN WENIG ZEIT UND ÜBERLEGE DIR, WELCHE SELBSTSÜCHTIGEN HINDERNISSE IN DEINEM LEBEN DICH VIELLEICHT DAVON ABHALTEN, DEINE KINDER MIT NOCH GRÖSSERER WIRKUNG ZU LIEBEN. SCHIEBE DIESE HINDERNISSE BEISEITE. NIMM DIR DANN VOR, DEINE KINDER DEM HERRN ZU WEIHEN UND SIE IHM DADURCH ZURÜCKZUGEBEN.

❑ Setze hier ein Häkchen, wenn
du die heutige Herausforderung bewältigt hast.

Was hat Gott dir offenbart, als du gebetet hast? Wozu hat er dich angespornt? Was glaubst du, wie deine Kinder auf diese Veränderung in dir reagieren werden?

Ich freue mich, wenn ich für euch leiden darf …
(Kolosser 1,24)

TAG 7

Die Liebe ist nicht reizbar

Seid voll Mitleid und Erbarmen, Freundlichkeit, Demut, Sanftheit und Geduld. Seid nachsichtig mit den Fehlern der anderen ... (Kolosser 3,12-13)

Die Liebe ist wie eine sanfte Brise, nicht wie ein Sturm, der jeden Moment losbrechen kann. Deine erste Reaktion auf ein Problem gibt deinen Kindern entweder ein wohltuendes, gutes Beispiel, von dem sie lernen können, oder aber sie behalten schmerzhafte Erinnerungen daran zurück, wie man sich unter Druck *nicht* verhalten sollte.

Menschen, die leicht reizbar sind, gleichen einem Pulverfass, das jeden Moment in die Luft gehen kann. Sie sind schnell genervt, immer kurz vor der Explosion. Leider lassen manche Eltern keine Gelegenheit aus, sich über ihre Kinder zu ärgern. Sie fühlen sich verpflichtet, jede Situation, in der etwas schiefläuft, für sich zu nutzen und auszudrücken, wie tief enttäuscht sie sind.

Aber mal ehrlich: Niemand kuschelt gern mit einem Stachelschwein und niemand legt sich gern in einen Dornenbusch. Und das sollten doch nicht die einzigen Optionen sein, die wir unseren Kindern in ihrem Zuhause bieten. Wenn wir unserem Ärger sofort Luft machen und unsere Gefühle nicht mäßigen, spüren wir selbst die Bitterkeit in unserem Herzen und wir zwingen sie auch allen anderen um uns herum auf.

Die Liebe lässt sich nicht leicht kränken und sie vergibt schnell. Sie verhält sich angesichts kleiner Missgeschicke nicht wie ein Märtyrer. Sie bittet uns darum, uns nach dem anderen auszustrecken und nicht als Mimose zu reagieren. Und sie fordert uns auf, jede Bombe, die wir gereizt hochgehen lassen wollen, schnell zu entschärfen.

In 1. Korinther 13,5 heißt es: Die Liebe „lässt sich nicht reizen". Sie ist nicht launisch, mürrisch oder auf verletzende Weise sarkastisch. Sie dehnt dieselbe liebevolle Geduld, die Gott mit uns hat, auf unsere Kinder aus. Ärger zeigt sie nur dann, wenn es angemessen ist, und auch dann nur für kurze Zeit.

Wenn wir zu Hause mürrisch sind, tun wir genau das Gegenteil dessen, wozu die Liebe uns beruft. Unsere Kinder werden nie perfekt sein – warum also tun wir überrascht, wenn sie Fehler machen? Auch wir sind vor Gott nicht perfekt und trotzdem lässt er uns nicht vom Blitz treffen, wenn wir etwas falsch machen. Stattdessen hat er Geduld mit uns und drängt uns gleichzeitig, die Sache wieder in Ordnung zu bringen (siehe 2. Petrus 3,9). So sollten auch Eltern ihre Kinder nie aus unkontrolliertem Ärger zurechtweisen oder bestrafen und sie auch nicht als leichte Zielscheibe benutzen, um die eigene Anspannung loszuwerden.

Wenn deine Kinder ständig unverdient deinen Ärger zu spüren bekommen, werden sie sich weniger geliebt fühlen und verunsichert sein. Ohne es zu wollen, stößt du sie damit innerlich von dir weg. Hält dieser Zustand auf Dauer an, werden sie sich später gegenüber ihren eigenen Kindern vermutlich genauso verhalten. Dann wird dieses zerstörerische Verhaltensmuster bis in künftige Generationen hinein fortgesetzt.

Deshalb solltest du deinen Ärger sofort entschlossen bei der Wurzel packen, genauso wie du einen gefährlichen Eindringling aus deinem Haus werfen würdest. Lass ihn gar nicht erst herein. Nimm dir vor, auf kleine Probleme nicht mehr mit großen Reaktionen zu antworten und deine Emotionen zu beherrschen. Achte darauf, was du sagst, wenn Frustration in dir aufsteigt und lass deine Worte, deine Taten und auch deinen Gesichtsausdruck von der Liebe bestimmt sein.

Reizbarkeit fließt normalerweise aus einer von zwei bitteren Quellen: *Stress* und *Selbstsucht*. Reagierst du genervt auf deine Kinder? Dann frag dich, ob du wirklich durch das, was deine Kinder gerade tun, in Stress geraten bist oder ob nicht schon vorher etwas ganz anderes deinen Stresspegel hochgetrieben hat. Wenn dir andere Beziehungen, deine Gesundheit oder deine Finanzen Stress bereiten, kann es sein, dass dich das innerlich zermürbt und deine Fähigkeit schwächt, dich zu beherrschen und freundlich zu sein.

Arbeitest du zu viel? Lädst du dir zu viel auf oder gibt es gerade etwas ganz anderes, über das du dich ärgerst? Ruhst du dich zu wenig aus oder treibst du zu wenig Sport? Ernährst du dich ungesund? Oder leidest du unter einem geistlichen Mangel, der dein Herz und deine Seele auslaugt?

Denk daran: Das Leben ist ein Marathon und kein Sprint, deshalb solltest du deine Geschwindigkeit drosseln und Prioritäten setzen. Deine Beziehung mit Gott, deine Ehe und deine Kinder müssen immer ganz oben auf deiner Liste stehen. Das bedeutet, dass du um die Zeit, die du mit deinen Kindern verbringst, kämpfst und nicht zulässt, dass deine Liebe und Aufmerksamkeit von deinen Kindern weg auf Zweitrangiges gelenkt wird.

Lass dich vom Wort Gottes leiten: Sei freundlicher und barmherziger zu anderen (siehe Kolosser 3,12-14) und gib deine Sorgen und Ängste im Gebet an Gott ab (siehe Philipper 4,6-7). Arbeite nicht zu viel, sondern nimm dir einen Sabbattag, an dem du dich ausruhst, Gott anbetest und dich wieder neu ausrichtest (siehe 2. Mose 20,8-11). Auf diese Weise kannst du wieder auftanken, deinem wöchentlichen Zeitplan Grenzen setzen und dir genügend Atempausen verschaffen.

Reizbarkeit kann auch aus selbstsüchtigen Motiven entstehen. Begierde, Bitterkeit, Habsucht und Stolz können nie befriedigt werden. Sie treiben uns unermüdlich an und lösen Rastlosigkeit und Ärger in uns aus. Die Liebe hingegen drängt uns dazu, uns nicht länger auf uns selbst zu konzentrieren und uns von diesen zerstörerischen und unnützen Motiven zu trennen.

Die Liebe macht uns frei. Denn ihr zu folgen heißt, anderen zu vergeben und ihnen nicht mehr zu grollen. Dankbar zu sein, statt gierig immer mehr haben zu wollen. Deiner Familie die oberste Priorität einzuräumen, statt sie einer Beförderung in deinem Job zu opfern. Bei jeder Entscheidung reduziert die Liebe letztlich unseren Stress und hilft uns, unseren Kindern mit Geduld und Ermutigung zu begegnen, statt mit Ärger und Erbitterung.

Geh in Gedanken deine Lebensbereiche durch: Vielleicht entdeckst du dabei einen verborgenen Grund, warum du so schnell gereizt reagierst. Bring diese Angelegenheit vor Gott und bitte ihn aufrichtig darum, dir zu vergeben und dir zu helfen. Wenn wir uns ihm von ganzem Herzen zuwenden und ihm unsere Fehler eingestehen, wird sein starker und sanfter Geist Frieden, Trost und Weisheit in unsere frustrierende Situation bringen. Sein Wort schenkt uns Erkenntnis, damit wir ihm immer ähnlicher werden können und denen, die wir am meisten lieben, Leben bringen und ihnen mit Rat und Tat zur Seite stehen.

DEINE HERAUSFORDERUNG FÜR HEUTE

NIMM DIR HEUTE FEST VOR, VON JETZT AN MIT LIEBE, STATT MIT VERÄRGERUNG AUF DEINE KINDER ZU REAGIEREN. FANG DAMIT AN, DIR EINE LISTE DER BEREICHE ZU MACHEN, IN DENEN DU STRESS REDUZIEREN SOLLTEST. SCHREIBE DANN JEDES FALSCHE MOTIV IN DEINEM HERZEN AUF, VON DEM DU DICH TRENNEN MUSST.

❑ Setze hier ein Häkchen, wenn du die heutige Herausforderung bewältigt hast.

In welchem Lebensbereich musst du deinen Stress reduzieren? Wann hast du das letzte Mal überreagiert? Welches Motiv steckte wirklich dahinter? Welche Entscheidungen hast du heute getroffen?

Ein weiser Mensch macht nicht viel Worte; ein kluger Mensch verhält sich besonnen. (Sprüche 17,27)

TAG 8

Die Liebe gewinnt Herzen

Er wird die Herzen der Väter ihren Kindern und die Herzen der Kinder ihren Vätern zuwenden ... (Maleachi 3,24)

Wer das Herz deiner Kinder für sich gewonnen hat, findet auch Gehör bei ihnen – und hat damit einen enormen Einfluss darauf, welche Richtung ihr Leben nimmt. Du magst der geistlichste und intelligenteste Elternteil auf diesem Planeten sein, aber wenn du das Herz deiner Kinder verlierst, werden sie sich auf lange Sicht von dir abwenden. Dieser Punkt ist ganz entscheidend dafür, wie viel Wirkung du letztendlich in deiner Rolle als Mutter oder Vater entfaltest.

König David war ein Mann nach dem Herzen Gottes – ein großartiger Krieger, ein erfolgreicher Leiter und ein liebevoller Freund. Doch er verlor das Herz seines Sohnes Absalom und das führte am Ende zu einer schmerzlichen Zerrüttung seiner Familie, zu öffentlicher Schande und dem Tod von 20 000 Männern in einer Schlacht (siehe 2. Samuel 13-18). Wie konnte das passieren?

Der Bruch zwischen Vater und Sohn nahm seinen Anfang, als David sich von Gott entfernte und sich in Sünde verstrickte. Als Amnon, ein anderer Sohn Davids, seine Halbschwester Tamar vergewaltigte, beobachtete ihr Bruder Absalom voller Zorn, dass David Amnon ungestraft davonkommen ließ. Zwei Jahre später lud Absalom David mit all seinen Söhnen zu einem Fest ein. David weigerte sich, der Einladung zu folgen, doch Absalom nutzte diese Gelegenheit, sich für die Vergewaltigung Tamars an Amnon zu rächen und ließ ihn töten. Aber obwohl David sehr um seinen Sohn Amnon trauerte, unternahm er auch in diesem

Fall nie den Versuch, Absalom für den Mord an ihm zur Rechenschaft zu ziehen. Als Absalom schließlich wie der verlorene Sohn nach Hause zurückkehrte, bettelte er um Davids Aufmerksamkeit, doch dieser ließ ihm ausrichten, dass er ihm nicht unter die Augen treten dürfe. Absaloms Verletzungen und sein Zorn auf David führten schließlich dazu, dass er gegen seinen eigenen Vater einen Bürgerkrieg anzettelte, in dessen Verlauf er selbst getötet wurde. Die zerbrochene Beziehung zu Absalom jedoch sollte David für den Rest seines Lebens verfolgen.

Nach Absaloms Tod krönte David seinen Sohn Salomo zum König. Salomo wiederum, der Zeuge der tragischen Beziehung zwischen seinem Vater und seinem Halbbruder geworden war, trug an seinen eigenen Sohn eine aufschlussreiche Bitte heran: „Mein Sohn, schenk mir dein Herz und lass deine Augen sich an meinen Wegen der Weisheit freuen“ (Sprüche 23,26). Er wusste, was passieren konnte, wenn er das nicht tat.

Salomos Bitte sollte auch uns Eltern von heute inspirieren und herausfordern. Wenn wir uns darum bemühen, das Herz unserer Kinder zu gewinnen, bedeutet das nicht, dass wir sie hofieren, alles tun, was sie wollen, und ihnen jeden Wunsch erfüllen. Es bedeutet, dass wir ihnen die liebevolle Aufmerksamkeit, Zuwendung und Bestätigung schenken, die sie brauchen, während wir sorgfältig darauf achten, dass sie sich emotional nicht von uns entfernen und keine Verletzungen oder ungelösten Konflikte zwischen uns stehen.

Gott legt in jedes Kind die Sehnsucht hinein, die Anerkennung und die Aufmerksamkeit seiner Eltern zu gewinnen (siehe Sprüche 4,1-4; 17,6). Gleichzeitig fordert er die Väter auf: „Ihr Väter, seid nicht ungerecht gegen eure Kinder, sonst verlieren sie den Mut!“ (Kolosser 3,21). Wir können noch so viele Schlachten in unserem Leben gewinnen und doch den Krieg zu Hause verlieren – dann, wenn sich unsere Kinder von uns zurückziehen, sich gegen uns auflehnen und wir ihnen gleichgültig werden.

Es macht sich sehr schnell bemerkbar, wenn Kinder ihr Herz vor ihren Eltern verschlossen haben. Ihr anhaltend respektloser Ton. Die Härte, die plötzlich von ihnen ausgeht. Emotionale Distanz. Sie meiden deine Nähe und wollen dir nicht zuhören. Ihre Worte und ihre Haltung offenbaren den Schmerz und den Ärger, die unter der Oberfläche in ihnen brodeln.

Es gibt viele Gründe, warum Kinder sich emotional zurückziehen können. Vielleicht widmest du ihnen zu wenig Zeit oder schenkst ihnen zu wenig Aufmerksamkeit. Vielleicht mangelt es ihnen an liebevoller Zuneigung oder sie sind enttäuscht, weil du Versprechen gebrochen hast. Vielleicht vermittelst du ihnen durch das, was du tust: „Du bist mir nicht wichtig genug, um bei mir an erster Stelle zu stehen oder um mich dafür zu interessieren, was in deinem Leben vor sich geht."

Vielleicht hast du auch einen zu harten Kurs eingeschlagen. Wenn sie glauben, dass du zu streng bist oder zu viel von ihnen forderst, wenn sie das Gefühl haben, dass du ein Geschwisterkind vorziehst – dann wird in ihrem Herzen ein Warnlicht blinken. Samen von Ärger und Widerstand können in ihr Herz fallen, die später in Form von Bitterkeit gegen dich aufsprossen.

Als Teil einer guten Erziehung ist es unerlässlich, dass wir unsere Kinder ausbilden, sie zurechtweisen und ihnen Grenzen setzen. Aber alles, was wir tun, muss dick in Liebe eingepackt werden. Auch wenn wir unsere Kinder zu Recht tadeln, kann es passieren, dass wir dabei unbewusst einen zu harten Ton anschlagen oder sich unser Gesichtsausdruck sogar mit Hass füllt. Deshalb sollten sich Eltern stets die Frage stellen: „Wie kann ich mich meinen Kindern gegenüber in dieser Situation verhalten, wie mit ihnen sprechen, ohne dass sie ihr Herz vor mir verschließen?"

Frage dich:

- Gehört mir das Herz meiner Kinder – jetzt gerade?
- Wissen sie, dass ihnen mein Herz gehört?
- Interessiert es sie, was ich denke?
- Wollen sie Zeit mit mir verbringen?
- Sind sie traurig, wenn mir etwas an ihnen missfällt?
- Sind sie mir gegenüber auch loyal, wenn ich nicht in ihrer Nähe bin?

Das Herz deiner Kinder ist der Dreh- und Angelpunkt deiner ganzen Erziehung. Wenn du erkennst, dass du das Herz von einem oder mehreren deiner Kinder verloren hast, lass sofort alles stehen und liegen und bitte Gott, dass er dir hilft, deine Kinder zurückzugewinnen.

Versuch jedoch nicht, dein Kind zu ändern, bevor du dich selbst geprüft hast (siehe Matthäus 7,5). Frage dich, ob *dein* Herz zurzeit deinem himmlischen Vater gehört. Bist du ihm treu? Ordnest du dich ihm unter? Wenn du diese Fragen nicht ehrlich mit Ja beantworten kannst, sollte es dich nicht überraschen, wenn deine Kinder deinem Beispiel folgen und dir und Gott ihr Herz verschließen.

Geh auf deine Kinder zu und frage sie: „Habe ich dich durch irgendetwas verletzt oder dir unrecht getan? Bist du wütend auf mich? Wie kann ich das wieder in Ordnung bringen? Hilf mir zu verstehen, was in dir vorgeht."

Hör ihnen zu, entschuldige dich bei ihnen und hilf ihnen, ihre Enttäuschung zu überwinden – so lange, bis alle Konflikte beigelegt sind. Deine Liebe soll dir den Mut geben, die nötigen Opfer zu bringen, deine Versprechen zu halten und zu tun, was immer geboten ist, um das Herz deiner Kinder zurückzugewinnen.

DEINE HERAUSFORDERUNG FÜR HEUTE

GEH HEUTE AUF JEDES DEINER KINDER EINZELN ZU UND SAGE IHNEN, DASS DU DIR ZWISCHEN EUCH EINE GRÖSSERE NÄHE WÜNSCHST, ALS ES JETZT DER FALL IST. STELLE IHNEN DIE FRAGEN, DIE AM ENDE DIESES KAPITELS STEHEN, UND FANG KONKRET DAMIT AN, IHR HERZ ZURÜCKZUGEWINNEN UND ES ZU BEHALTEN.

❑ Setze hier ein Häkchen, wenn du die heutige Herausforderung bewältigt hast.

Zieht sich eins deiner Kinder gerade von dir zurück – oder sogar mehrere? Was glaubst du, welche Gründe das hat? Was kann dir am meisten helfen, auf Dauer einen guten Zugang zu ihrem Herzen zu haben und zu behalten? Wie könntest du deine Bemühungen in dieser Hinsicht noch verstärken? Was hast du aus den Einzelgesprächen mit deinen Kindern über dieses Thema gelernt?

Mein Sohn, wie werde ich mich freuen, wenn du weise wirst.
(Sprüche 23,15)

TAG 9

Die Liebe hegt und pflegt

Ich selbst werde euch trösten,
wie eine Mutter ihr Kind tröstet. (Jesaja 66,13)

Männer können ihren Kindern eine tiefe, ehrgeizige Liebe entgegenbringen. Wer glaubt, die Liebe eines Vaters sei begrenzt, nur weil er ein Mann ist, stützt sich dabei eher auf Klischees als auf die Realität oder darauf, was die Bibel über die Vaterliebe sagt.

Und doch ist die Liebe einer Mutter einzigartig und unglaublich kostbar. Es hat seinen Grund, warum zum Muttertag mehr Karten verschickt werden als sonst das ganze Jahr über. Warum an diesem einen Sonntag mehr Leute auswärts essen gehen als zu jeder anderen besonderen Gelegenheit. Mutterliebe ist warm und wunderbar – so wie Gott es vorgesehen hat.

Als David anhand eines Bildes beschreiben wollte, wie es sich anfühlt, vollkommenen Frieden zu haben, sah er sich selbst als kleines Kind an der Seite seiner Mutter (siehe Psalm 131,2). Um der Freude und Zufriedenheit darüber Ausdruck zu verleihen, dass Israel aus dem Exil befreit und sein Ansehen zurückerlangen würde, wählte Jesaja das Bild eines Kindes an der Brust seiner Mutter, das „auf den Armen getragen und auf den Knien liebkost" wird (siehe Jesaja 66,12).

Diese Vorstellungen umfasst der Ausdruck „hegen und pflegen". Gemeint ist nicht, jemanden ganz allgemein zu lieben, sondern ihn besonders behutsam und zärtlich zu beschützen und zu umsorgen. Diese Worte beschreiben, wie ein frierendes, hungriges, ängstliches neugeborenes Kind in die Arme seiner

Mutter gelegt wird, die es liebevoll an sich drückt. Sie hüllt ihr hilfloses Kind in die wohlige Wärme ihres Körpers und ihre zärtliche Liebe ein. Sie stillt und versorgt es. Sie streichelt sanft über seine zarten Wangen und seine winzigen Hände. Sie küsst es auf den Kopf und lässt seine weichen, zarten Haare durch ihre Finger gleiten. Sie flüstert ihm sanfte, liebevolle Worte ins Ohr und singt ihm etwas vor. Sie tröstet es und vertreibt seine Ängste. Das Kind fühlt sich sicher und geliebt. In den warmen Armen seiner Mutter ist alles gut.

Das bedeutet *hegen und pflegen*.

Aus Liebe ergreifen wir die Gelegenheit, unsere Kinder zu hegen und zu pflegen, während sie aufwachsen. Den Müttern liegt das vielleicht von Natur aus näher und sie haben als Ernährer eine längere Geschichte mit dem Kind, dennoch sind auch die Männer dazu berufen, ihre Kinder zu hegen und zu pflegen. Ehemänner sollen darüber hinaus auch ihre Frauen mit ihrer Liebe „nähren und pflegen" (siehe Epheser 5,25-29). Als der Apostel Paulus seine Liebe für die Gemeinden in Worte zu fassen versuchte, an deren Entstehung er beteiligt war, sagte er, dass er sich „so sanft" gefühlt habe „wie eine Mutter, die ihre Kinder nährt und umsorgt" (1. Thessalonicher 2,7). Väter können das Herz ihrer Kinder auf ihre Weise wärmen: Mit ihrer körperlichen, herzlichen Zuwendung sollten sie ihre Kinder ihren Zuspruch und ihre Fürsorge spüren lassen – regelmäßig und in sehr großen Mengen.

Glücklicherweise gibt das Leben Müttern und Vätern jeden Tag alle möglichen Gelegenheiten, das zu tun, ganz gleich wie alt ihre Kinder sind. Deine zärtliche Fürsorge und deine liebevollen und angemessenen Berührungen tragen Wärme direkt ins Herz deiner Kinder – physiologisch gesehen übermittelt durch unzählige Nervenenden.

Es können ganz einfache Gesten sein: Du legst deinem Sohn den Arm um die Schultern oder nimmst die Hand deiner Tochter. Du kannst deine Kinder im Arm halten, wenn ihr euch zusammen einen Film anseht, oder ihnen während des Gottesdienstes zuzwinkern und sanft ihren Arm drücken. Wenn ihr im Auto an einer roten Ampel steht, kannst du deinen Arm nach hinten ausstrecken und leicht ihr Knie drücken oder sie, wenn ihr euch auf dem Hausflur begegnet, kurz umarmen und auf die Stirn küssen. Manchmal wollt ihr vielleicht auf dem Wohnzimmerteppich oder einem Blätterhaufen im Garten herumbalgen und euch gegenseitig durchkitzeln.

Doch vielleicht ziehst du dich schon innerlich zurück, während du das liest. Vielleicht bist du kein gefühlsbetonter Mensch. Vielleicht kannst du deine Liebe besser zeigen, indem du nickst und still lächelst und ein schönes Essen auf den Tisch bringst. Und das ist verständlich. Nicht jeder hat schöne Erinnerungen an die Berührungen, die er in der Vergangenheit erfahren hat.

Dennoch haben deine liebevollen Berührungen Kraft und bleiben eine der besonderen Möglichkeiten, die Gott dir gegeben hat, um das Herz deiner Kinder jeden Tag zu gewinnen, zu hegen und zu pflegen. Und auch wenn du dich nicht unter Druck gesetzt fühlen sollst, etwas dir Wesensfremdes zu tun – denk daran, dass auch Jesus die Kinder auf angemessene Weise berührte und segnete (siehe Markus 10,16) und deine Kinder sich möglicherweise nach der Wärme sehnen, die deine Berührung ihnen vermitteln kann. Das könnte sogar einer der Wege sein, auf denen Gott Heilung bringt und dir hilft, über eine Verletzung, die du in deiner Vergangenheit erlebt hast, hinwegzukommen. Gott könnte euer Zusammensein zu einem Segen für deine Kinder werden lassen: ein Segen, der ihren Seelenhunger stillt und sie innerlich gesund macht.

Das Leben in einer dunkler werdenden Welt kann für unsere Kinder sehr kalt und unvorhersehbar sein. Der tägliche Stress kann sie aufreiben oder gar überwältigen. Manchmal können Furcht und Ungewissheit in ihr Herz einbrechen wie ein plötzlicher Winter und darin emotionale Kälte und eisige Unsicherheit hinterlassen.

Doch vielleicht reicht schon die warme, liebevolle Zuneigung, die ihr ihnen als ihre von Gott berufenen Eltern geben könnt, damit das milde Tauwetter beginnt. Ein sanftes Streichen über den Rücken oder eine feste, tröstende Umarmung können ihnen die emotionale Kraft geben, um ihre Ängste und Selbstzweifel zu beruhigen. Und wahrscheinlich werden sich eure Herzen dadurch noch enger verbinden.

In der Bibel lesen wir von einem Aussätzigen, der Jesus auf Knien darum bat, ihn von seiner furchtbaren Hautkrankheit zu heilen. Jesus hätte dieses Gebet mit nur ein paar Worten beantworten und ihn für gesund erklären können, doch stattdessen setzte er sich über alle gesellschaftlichen Schranken und hygienischen Bedenken hinweg und berührte ihn (siehe Markus 1,41). Die Heilung begann mit einer Berührung.

Deine Kinder sehnen sich danach, gehegt, gepflegt und wertgeschätzt zu werden. Und nichts vermittelt ihnen das deutlicher und liebevoller als deine sanfte Berührung.

DEINE HERAUSFORDERUNG FÜR HEUTE

WIE KÖNNTEST DU HEUTE EIN WENIG WÄRME IN DAS LEBEN UND DAS HERZ DEINER KINDER BRINGEN? NUTZE EINE PASSENDE GELEGENHEIT FÜR EINE LIEBEVOLLE, UNERWARTETE BERÜHRUNG. WÄHLE EINE ANGEMESSENE GESTE, DIE IHNEN DEINE AUFRICHTIGE WERTSCHÄTZUNG ZEIGT.

❑ Setze hier ein Häkchen, wenn du die heutige Herausforderung bewältigt hast.

Wie haben deine Kinder auf deine Gesten der Zuneigung reagiert? Ist das etwas, das du öfter tun solltest?

Niemand hasst doch seinen eigenen Körper, sondern sorgt liebevoll für ihn … (Epheser 5,29)

TAG 10

Die Liebe ist höflich

Liebt einander mit aufrichtiger Zuneigung und habt Freude daran, euch gegenseitig Achtung zu erweisen. (Römer 12,10)

Kleine Kinder sind herrlich berüchtigt für ihr Benehmen: Man muss unwillkürlich lächeln, wenn ein Neugeborenes rülpst, ein Baby sich im Restaurant die Spaghetti im ganzen Gesicht verteilt oder ein Kleinkind halb angezogen in eine Weihnachtsfeier platzt und seine Mutter zu einem Notfall ins Badezimmer ruft. Ihre Unwissenheit stößt in der Welt um sie herum auf Verständnis und Wohlwollen und sorgt oft für Erheiterung.

Doch je mehr Zeit vergeht und je älter die Kinder werden, umso weniger Entschuldigungen haben sie und ihre Eltern für schlechte Manieren. Was einst toleriert oder gar als amüsant empfunden wurde, ist jetzt inakzeptabel und anstößig.

Vielleicht haben dich deine Kinder schon in unangenehme Situationen gebracht: Eines von ihnen hat im Theater angefangen zu schreien. Ein anderes hat sich im Sommercamp geweigert zu duschen, obwohl seine Ausdünstungen das erträgliche Maß längst überschritten hatten. Einer deiner Teenager hat mitten im Einkaufszentrum einen derben Streit mit dir und deinem Ehepartner vom Zaun gebrochen. Solche Ungezogenheiten sind äußerst unschön und unangenehm für alle Anwesenden. Man kann regelrecht spüren, wie sich die Atmosphäre auf den Gefrierpunkt abkühlt.

Gute Manieren hingegen bewirken genau das Gegenteil. Sie wärmen das Herz und schaffen eine entspannte Atmosphäre. Der Umgang mit höflichen Kindern ist angenehm wie ein frischer Duft – Grobheit aber beißt in der Nase. Durch ihr gutes

Benehmen steigern Kinder unmerklich den Grad des gegenseitigen Respekts und der Freude im Haus. Wünschst du dir nicht, dass deine Kinder bei anderen einen solch positiven Eindruck hinterlassen? Wie auch bei dir?

Indem du deinen Kindern ganz bewusst gute Manieren beibringst und sie ihnen vorlebst, behandelst du auch sie ganz automatisch mit größerem Respekt und mehr Achtung und hilfst ihnen gleichzeitig, zum lebendigen Segen für andere zu werden. Eltern, die nicht gern mit ihren Kindern zusammen sind, sollten sich ernsthaft fragen, ob sie sich wirklich genug Zeit genommen haben, um ihnen rücksichtsvolles, freundliches und liebenswertes Verhalten beizubringen.

Der eigentliche Sinn guter Manieren ist, anderen Menschen, die genauso wie wir nach dem Bild Gottes erschaffen wurden (siehe 1. Mose 1,27), Liebe und Wertschätzung zu zeigen. Respektvolle gesellschaftliche Umgangsformen geben ein praktisches und lebendiges Beispiel dafür, wie die goldene Regel gelebt werden kann (siehe Lukas 6,31). Sie reduzieren unangenehme und peinliche Situationen auf ein Minimum, denn sie sagen uns, „ein jeder sehe nicht auf das Seine, sondern ein jeder auch auf das der anderen“ (Philipper 2,4; Elberfelder). So befolgen wir das biblische Gebot, alle Menschen zu achten (siehe 1. Petrus 2,17).

Gute Manieren werden dir und deinen Kindern nicht nur helfen, ein Segen für andere zu sein – häufig werden sie ihnen auch ein besonderes Wohlwollen verschaffen, durch die sie sich von anderen gleichaltrigen Kindern abheben. Ein biblisches Beispiel dafür ist Daniel, einer der jungen Männer im Alten Testament, von dem es heißt, dass er „geeignet [war] für den Dienst am Palast des Königs“ (Daniel 1,4). Er fand bei all jenen, deren Autorität er unterstand, so große Gunst, dass ihm sogar besondere Bitten gewährt wurden (siehe Daniel 1,8-14).

Auch Jesus lernte bereits als Zwölfjähriger, älteren Menschen Respekt zu zeigen, sich angeregt mit ihnen zu unterhalten und ihnen aufmerksam zuzuhören (siehe Lukas 2,46). Und er „... gewann an Weisheit. Gott liebte ihn, und alle, die ihn kannten, schätzten ihn sehr" (Lukas 2,52). Manieren spielen eine große Rolle, wenn es darum geht, ein Segen zu sein und wiederum Segen zu empfangen.

Gutes Benehmen deiner Kinder in der Öffentlichkeit fängt zu Hause an: mit dem, was du deinen Kindern vorlebst. Dein Verhalten gegenüber deinen Kindern sollte stets von deiner Liebe bestimmt sein. Geh mit gutem Beispiel voran und tu selbst, was du dir von ihnen wünschst. Das kann etwas so Simples sein, wie deiner Tochter die Tür aufzuhalten oder deinem Sohn dafür zu danken, dass er eine Aufgabe gut erledigt hat. Das bedeutet auch, dass du dich entschuldigst, wenn du einen Fehler gemacht hast. Dass du anregende Gespräche mit deinen Kindern führst und du sie deinen Freunden oder Bekannten, mit denen ihr zusammentrefft, höflich vorstellst. Dass du pünktlich bist und dich beim Essen zu benehmen weißt. Je älter Kinder werden, umso mehr werden die Manieren, die sie bei ihren Eltern sehen, für sie zum Standard. Deshalb könnten wir vermutlich alle einen Benimmkurs zur Auffrischung vertragen.

Unsere Kinder müssen jeden Tag sehen, dass wir sie respektieren – ebenso wie ihren anderen Elternteil, unsere Nachbarn und Gäste sowie alle anderen Menschen, mit denen wir in Kontakt kommen.

Je älter unsere Kinder werden, umso größer wird auch der Einfluss, den gute Manieren in ihrem Leben haben. Die Umgangsformen, die sie heute bei dir zu Hause beobachten, werden sie morgen zum Maßstab für ihr eigenes Verhalten in der Öffentlichkeit machen und eines Tages an ihre eigenen Kinder weitergeben.

Wir müssen an einen Punkt gelangen, wo wir Unhöflichkeit nicht tolerieren, weder bei unseren Kindern noch bei uns selbst. Wo niemand ausgelacht oder herabgesetzt wird und unser Vokabular frei von vulgären, widerlichen oder groben Ausdrücken ist. Einen Punkt, wo niemand mehr die Augen rollt und wo beißender Sarkasmus und trotziges Schmollen nicht mehr als übliche Verhaltensmuster akzeptiert werden.

Bring deinen Kindern bei, auch kleinen Dingen die nötige Aufmerksamkeit zu schenken: zum Beispiel anderen den Vortritt zu lassen, ohne Nuscheln zu sprechen, eine aufrechte Haltung zu bewahren und sich für jede Situation angemessen zu kleiden. Solche Gewohnheiten werden dir heute von Nutzen sein, deine Kinder aber werden sogar ihr ganzes Leben lang davon profitieren. Gute Manieren sind eine lohnende Investition in ihre Zukunft, denn sie tragen maßgeblich dazu bei, dass sie später als Freunde und Ehepartner und in der Welt draußen erfolgreich sind.

Falls du es also noch nicht getan hast, fang jetzt damit an, deinen Kindern die Grundzüge eines selbstlosen, höflichen Benehmens zu vermitteln. Wenn du ihnen zeigst, wann sie welche Gabel benutzen müssen oder wie sie einen Fremden mit einem Lächeln begrüßen können, bringst du ihnen damit mehr bei als nur gute Manieren. Du gibst ihnen ein Beispiel für Liebe – und täglich die Gelegenheit, ihre Persönlichkeit in der Tiefe zu formen, indem sie anderen den Respekt zeigen, den sie verdienen. So lernen sie, der Welt mit ihrer Gegenwart Gutes zu tun und sichern sich darüber hinaus für die kommenden Jahre einen ausgezeichneten Ruf.

DEINE HERAUSFORDERUNG FÜR HEUTE

MACHT GUTE MANIEREN ZUM MOTTO DES HEUTIGEN ABENDS. SPRECHT DARÜBER, WIE IHR HÖFLICHER UND RESPEKTVOLLER MITEINANDER UMGEHEN KÖNNT. MACHT EUCH BEIM ABENDESSEN EINEN SPASS DARAUS, GUTE MANIEREN ZU ÜBEN, INDEM IHR EUCH ABWECHSELND GEGENSEITIG BEDIENT. LEGT EUCH EIN GUTES BUCH ÜBER UMGANGSFORMEN ZU UND LERNT ALS GANZE FAMILIE DARAUS, EINEN TIPP NACH DEM ANDEREN.

❑ Setze hier ein Häkchen, wenn du die heutige Herausforderung bewältigt hast.

In welchen Bereichen solltet ihr noch an euren Manieren arbeiten, du und deine Kinder? Was habt ihr bei der heutigen Aufgabe herausgefunden?

Wer ein reines Herz hat und gut reden kann,
ist der Freund des Königs. (Sprüche 22,11)

TAG 11

Die Liebe lehrt

Bewahrt die Gebote, die ich euch heute gebe, in eurem Herzen. Schärft sie euren Kindern ein. (5. Mose 6,6-7)

Gibt es Dinge, die du lieber gelernt hättest, bevor du erwachsen geworden bist, Dinge, die du dir dann ohne jede Vorbereitung zusammenreimen musstest? Zum Beispiel wie du dein Konto in den schwarzen Zahlen hältst? Wie du dein Auto wartest? Wie du die Bibel studierst? Wie du gute Freundschaften aufbauen kannst?

Welche Katastrophen der Peinlichkeit hättest du in deinem Leben vermeiden können, wenn du gewusst hättest, wie man sich in einem Bewerbungsgespräch verhält, wie man zu Thanksgiving einen zarten Truthahn zubereitet und sich nicht per Kreditkarte verschuldet?

Um das Leben zu meistern, müssen wir wissen, wie wir Probleme lösen können. Das bedeutet, dass wir in der Lage sind, schwierige Situationen einzuschätzen, eine kluge Lösung dafür zu finden und sie aus der Welt zu schaffen. Aber ohne die entsprechende Vorbereitung und einige grundlegende Fähigkeiten fangen wir immer wieder bei null an. Unser Leben ist wie ein Blindflug und wir reagieren immer nur spontan auf das, was gerade passiert.

An diesem Punkt kommen liebevolle Eltern ins Spiel. Die Liebe betrachtet die Kindererziehung als eine Art Workshop. Eine Unterrichtseinheit über Erfolg. Ein Bootcamp für die Kämpfe des Lebens. Als einen Ort, wo Kinder permanent auf das Leben vorbereitet werden und wo sie eng an der Seite ihrer Eltern ein kleines Abenteuer nach dem anderen bestehen – egal ob es ums Schuhebinden geht, Fahrrad fahren, ein Auto einparken oder darum, ein Anzughemd zu bügeln.

Die Liebe sagt: „Komm her, lass mich dir etwas zeigen."

„Schau mal, was passiert, wenn du das tust."

„Mach nicht den blöden Fehler …"

Natürlich könntest du deine alltäglichen Probleme mit Leichtigkeit allein lösen – und sicher auch schneller. Wenn du aber deine Kinder herbeirufst und ihnen zeigst, wie du ein bestimmtes Problem angehst – und ihnen dabei vielleicht sogar die ein oder andere kleine Aufgabe überträgst –, investierst du sowohl in eure Beziehung als auch in ihre Fähigkeiten.

Du kannst deinen Kindern fast alles beibringen, was du selbst beherrschst, wenn du ihnen erlaubst, dir zuerst *zuzusehen*, dir dann zu *helfen* und es schließlich unter deiner Aufsicht selbst zu *versuchen*.

Aber es geht um mehr als die Fähigkeit, Dinge allein zu meistern oder im Haushalt zurechtzukommen. Die Liebe will auch ihren Verstand und ihre emotionale Intelligenz fördern. Sie will, dass sie sich moralische Grundwerte zu eigen machen. Dass sie eine kluge Weltanschauung entwickeln.

Wissen deine Kinder, was du an den Menschen, die du respektierst, am meisten bewunderst? Oder was du aus deinen größten Fehlern gelernt hast? Wenn ihr euch zusammen einen Film angesehen habt, stell deinen Kindern anschließend Fragen zu den Hauptfiguren und den Botschaften, die darin unterschwellig vermittelt wurden. Hilf deinen Kindern zu erkennen, welche Überzeugungen darin vertreten wurden, was die verschiedenen Personen richtig und falsch gemacht haben und welche Verhaltensweisen sie im wahren Leben nachahmen und welche sie vermeiden sollten.

Stelle ihnen Fragen wie: „Was ist auf lange Sicht besser …?" Oder: „Was würdet ihr tun, wenn …?" So kannst du beim

Abendessen lebhafte Diskussionen in Gang setzen, die alle zum Nachdenken bringen.

Aber es steckt noch viel mehr dahinter. Wenn du euer Zuhause zum Lernlabor machst, nimmst du ihrer geistlichen Ausbildung den Mythos. Sie wird zu einem ganz normalen Teil ihres täglichen Lebens. Gelingt es dir zu vermitteln, dass wir alles, was wir tun, zur Ehre Gottes tun sollen – sei es gastfreundlich zu sein oder das Gemüse aus deinem Garten mit den Nachbarn zu teilen –, zeigst du ihnen, dass ein Leben mit Gott nicht auf die Dauer des Sonntagsgottesdienstes begrenzt ist. Gott zu ehren sollte jeden Tag unser Ziel sein. Es kann geschehen, während wir im Garten Fußball spielen oder mitten in der Nacht an einem Kunstprojekt für die zweite Klasse arbeiten.

Die Liebe hat das Herz eines Lehrers. Sie weiß: „... Weisheit ist wertvoller als Edelsteine, und alles, was du dir jemals wünschen könntest, ist mit ihr nicht zu vergleichen" (Sprüche 8,11). Der Liebe gelingt es, deinen Kindern die Karotten und das gesunde Grünzeug des Lebens so schmackhaft zu machen, dass sie es bereitwillig essen. Und das bedeutet, dass sie viele Jahre lang gut ernährt werden.

Auf dieselbe Weise lehrte auch Jesus seine Jünger. Er nutzte den Augenblick und sagte: „Schaut die Vögel an ... euer himmlischer Vater sorgt für sie ... wie viel mehr kümmert er sich dann um euch? ... Hört auf, euch Sorgen zu machen ..." (Matthäus 6,26-31).

Deshalb heißt es in der Bibel im Hinblick auf Gottes Gebote: „Schärft sie euren Kindern ein. Sprecht über sie, wenn ihr zu Hause oder unterwegs seid, wenn ihr euch hinlegt oder wenn ihr aufsteht" (5. Mose 6,7). Kindern Dinge so beizubringen, ist strategisch, doch man nutzt gleichzeitig die Gunst des Augenblicks. Denn lehrreiche Momente finden sich hinter jeder Ecke.

Möchtest du, dass deine Kinder Erfolg haben? Dass sie in der Lage sind, ihre Finanzen gut zu verwalten und ihre Zeit sinnvoll zu nutzen? Dass sie eine gesunde Arbeitsmoral entwickeln und sich durchsetzen, statt einfach alles hinzuwerfen, sobald ihnen der Job keinen Spaß mehr macht? Dass sie gute Ehepartner und Eltern werden? Willst du, dass sie lernen, was du bereits weißt, und die Fehler vermeiden, die du gemacht hast? Möchtest du neugierig und belehrbar bleiben und mit ihnen zusammen noch mehr lernen? Dann musst du jetzt anfangen, daran zu arbeiten und die Gelegenheiten, die sich dir bieten, beim Schopf ergreifen.

Warte nicht, bis sie abends im Bett liegen oder gar bis sie mit der Schule fertig sind, bevor du ernste Gespräche mit ihnen führst. Erstelle deine Finanz- und Terminpläne nicht, ohne ihnen zu zeigen, wie du das machst. Und wenn du deinen Zehnten gibst, versäume es nicht, ihnen zu sagen, wie auch sie Gott mit ihrem Besitz ehren können (siehe Sprüche 3,9-10). Was dich heute vielleicht doppelt so viel Zeit kostet, weil du deine Kinder einbeziehst, das kann sie morgen davor bewahren, doppelt so viele Probleme zu haben.

Im Leben gibt es ohnehin genug Stolpersteine und Täler. Doch wenn du deinen Kindern aus Liebe heute Straßenkarten zeichnest, die ihnen zeigen, wo die Brücken stehen, werden sie Gott später für dich danken. Nämlich dann, wenn sie jubelnd auf den Berggipfeln stehen, die sie dank deiner Hilfe bestiegen haben. Was könnte die Liebe sie heute lehren?

DEINE HERAUSFORDERUNG FÜR HEUTE

ERSTELLE ZWEI LISTEN MIT DEN DINGEN, DIE DU DEINE KINDER LEHREN WILLST: 1. ALLTÄGLICHE FÄHIGKEITEN UND 2. LEBENSLEKTIONEN. BEWAHRE SIE AN EINEM ORT AUF, WO DU SIE SCHNELL ZUR HAND HAST. SUCHE NACH EINER GELEGENHEIT, EINS ODER MEHRERE DEINER KINDER AN EINEM ARBEITSPROJEKT ZU BETEILIGEN ODER EINE ANDERE SITUATION ZU NUTZEN, UM IHM ODER IHNEN ETWAS BEIZUBRINGEN.

MACH DIR DAS ZUR GEWOHNHEIT UND NIMM DAFÜR IMMER WIEDER DEINE LISTEN ZU HILFE.

❑ Setze hier ein Häkchen, wenn du die heutige Herausforderung bewältigt hast.

Was hast du mit deinen Kindern zusammen gemacht und worüber habt ihr gesprochen? Was haben sie dabei gelernt? Was hast *du* dabei gelernt?

Meine Lehre soll niedergehen wie der Regen; meine Rede wird sich niederlassen wie der Tau … (5. Mose 32,2)

TAG 12

Die Liebe ermutigt

Freundliche Worte sind wie Honig – süß für die Seele und gesund für den Körper. (Sprüche 16,24)

Eltern lieben es, wenn andere ihre Kinder loben. Aber vielleicht bist du dir nicht darüber im Klaren, wie sehr sich deine Kinder danach sehnen, dass *du* sie unmittelbar lobst.

Worte haben so viel Kraft. In der Bibel heißt es: „Wer gern redet, muss die Folgen tragen, denn die Zunge kann töten oder Leben spenden" (Sprüche 18,21). Was du zu deinen Kindern sagst, kann sie deine Liebe spüren lassen und Brücken der Hoffnung für sie bauen oder aber Gift in ihre Wahrnehmung träufeln und ihr Selbstvertrauen zerstören.

Natürlich wirst du dich nicht immer danach fühlen, deinen Kindern Bestätigung zu geben. Vielleicht legen sie ein Verhalten an den Tag, das einfach nur ärgerlich ist. Aber wissen deine Kinder, dass du trotz ihrer Fehler immer noch ihr größter Fan bist? Wann habt ihr das letzte Mal ein Gespräch geführt, aus dem sie mit neuem Mut, dem Gefühl, angenommen zu sein, und neuer Zuversicht herausgegangen sind?

Die Frucht deiner Lippen hilft ihnen nicht nur, ihre Wirklichkeit zu definieren und ihre Identität zu finden, sie lenkt auch ihr Schicksal. Leider passiert es allzu oft, dass Eltern ihren Kindern unbewusst einen Fluch auferlegen, indem sie sie lächerlich machen, sie beschimpfen oder ihnen sagen, dass sie es wohl nie zu etwas bringen werden. Zehn Sekunden verbales Gift können ihrem Leben für immer eine negative Prägung verleihen. Deshalb ist es so wichtig, dass wir unsere Zunge im Zaum halten (siehe Jakobus 1,26; 3,2-12).

Wir sollten stets darauf achten, welche Worte wir gegenüber unseren Kindern benutzen und welche Eigenschaften wir ihnen anhängen – vor allem, wenn wir sie tadeln müssen. Es ist ein großer Unterschied, ob du deinem Sohn sagst, dass er etwas Dummes getan hat, oder ob du ihn einen Dummkopf nennst.

Gott änderte immer wieder die Namen von Menschen, um sie zu ehren, zu ermutigen und ihnen zu helfen, sich in einem anderen Licht zu betrachten (siehe 1. Mose 17,5; 32,28-29; Johannes 1,42). Es ist wichtig, dass unsere Kinder demütig erkennen, dass sie Sünder sind, dass sie sich aber dennoch von Gott geliebt wissen, der sie nach seinem Bild erschaffen hat, und auch wissen, dass unser Segen als Eltern auf ihnen ruht.

Wir müssen unsere Zunge von der Geduld und der Freundlichkeit der Liebe führen lassen und eine kraftvolle, ermutigende Atmosphäre für unsere Kinder schaffen. Unser Mund sollte eine Quelle sein, aus der Liebe und Wahrheit hervorsprudeln, keine zerstörerischen Flüche, Klagen oder Beleidigungen.

Paulus drückte das folgendermaßen aus: „Verzichtet auf schlechtes Gerede, sondern was ihr redet, soll für andere gut und aufbauend sein, damit sie im Glauben ermutigt werden" (Epheser 4,29). Wir sollten nicht darauf aus sein, Fehler bei anderen zu finden. Kinder, die in der ständigen Angst leben, jedes Mal ausgeschimpft zu werden, wenn sie einen Fehler machen, werden unter dem Druck deiner Worte verkümmern. Obwohl Gott über jeden von uns viele peinliche Dinge ans Licht bringen könnte, heißt es in der Bibel, dass er „mit lauten Jubelrufen über uns jauchzt" (siehe Zefanja 3,17).

Wie oft hören deine Kinder, dass du sie anderen Menschen gegenüber voller Stolz lobst? Wie oft hältst du inne und versicherst sie deiner Liebe? Wie oft sagst du ihnen, was du an ihnen bewunderst? Denk daran, was es für sie und ihre noch jungen Träume und Ziele bedeutet, wenn sie wissen, dass sie angesichts jeder neuen Herausforderung mit deiner Unterstützung rechnen können. Wenn sie darauf vertrauen können, dass du ihnen den Rücken stärkst, ganz gleich ob sie ihr Ziel tatsächlich erreichen oder nicht, gibt ihnen das die Freiheit, auch eine schwierige Aufgabe mit vollem Elan anzugehen.

Ermutige deine Kinder auf einem ganz neuen Niveau: Setze deine freundlichen Worte jeden Tag ganz bewusst ein, um deinen Kindern eine Freude zu machen.

Eine Freude. Es baut deine Kinder auf, wenn sie entdecken, dass du dich über etwas an ihnen freust. Sprich mit deinem Ehepartner darüber, was du an euren Kindern besonders schätzt – und sag es so laut, dass sie es im Raum nebenan hören können. Ihr Herz wird Freudensprünge machen und dein Lob wird noch viele Jahre lang in ihren Ohren nachhallen.

Du kannst ein unvergessliches Gespräch mit ihnen beginnen, indem du sie fragst: „Weißt du, was ich wirklich an dir mag?“ Oder indem du eine Aufgabe, die sie vollendet haben, mit den Worten kommentierst: „Wow! Ich bin beeindruckt! Das kannst du wirklich gut.“ Und auch wenn es im Moment gar nichts gibt, was du lobend erwähnen könntest, ist es immer gut, sie spontan in die Arme zu schließen und ihnen zuzuflüstern: „Ich bin so froh, dass Gott dich in unsere Familie gestellt hat.“ Diese Worte werden unendlich kostbar für sie sein.

Bewusst. Setz deine Worte strategisch ein. Das, wofür du deine Kinder lobst, wird auch das sein, was künftig für sie einen höheren Wert hat und wobei sie sich noch größere Mühe geben werden. Deshalb solltest du darauf achten, sie mehr für ihre charakterlichen Eigenschaften zu loben als für reine Äußerlichkeiten, wie ihr Aussehen oder ihr Verhalten in der Öffentlichkeit. Wenn du ihnen sagst, wie stolz es dich macht, dass sie so ehrlich, fleißig und freundlich sind, wird das ihre moralischen Grundwerte auf lange Sicht mehr festigen als jedes Kompliment für ihre Frisur oder die Socken, die sie heute tragen. Sprich sie mit deinen Worten auf ihr Herz an, denn was darin vorgeht, zählt am meisten.

Sei dir darüber im Klaren, dass deine Ermutigung auch Einfluss darauf haben kann, welchen Weg deine Kinder in der Zukunft beschreiten. Deshalb solltest du sie klug platzieren. Wenn du sagst: „Da hast du ja ein schönes Bild gemalt! Ich finde es großartig, wie sehr du auf die Details achtest", kann das den Wunsch in ihnen vergrößern, in diesem Bereich noch besser zu werden.

Jeden Tag. Bei jedem Kind besteht zu jeder Zeit die Gefahr, dass es entmutigt wird oder von einem guten Weg abkommt. Deshalb sollten wir es uns zur Gewohnheit machen, sie jeden Tag mit unseren Worten herauszufordern und zu inspirieren. „Ermutigt einander jeden Tag, solange es ‚Heute' heißt, damit keiner von euch von der Sünde überlistet wird und hart wird gegen Gott!" (Hebräer 3,13).

Die Liebe ist immer auf der Suche nach einem Anlass, unsere Kinder für ihren Charakter oder ihr Verhalten zu loben, ganz gleich wie alt sie sind. Selbst wenn deine Kinder schon erwachsen sind, kannst du einen Weg finden, die kleinen Dinge, die sie tun, hervorzuheben und ihnen zu sagen, wie stolz sie dich machen.

Je mehr du heute die guten Dinge in ihrem Leben feierst, umso höher breitest du ihre Flügel aus – und umso mehr Grund werden dir deine Kinder in Zukunft geben, sie zu loben. Deshalb öffne deinen Mund und verleihe deiner Liebe Flügel!

DEINE HERAUSFORDERUNG FÜR HEUTE

BRING IM LAUF DER KOMMENDEN WOCHE JEDEN TAG EINIGE POSITIVE EIGENSCHAFTEN DEINER KINDER ZUR SPRACHE. SPRICH SOWOHL MIT JEDEM KIND PERSÖNLICH DARÜBER ALS AUCH MIT FREUNDEN UND FAMILIE.

❑ Setze hier ein Häkchen, wenn du die heutige Herausforderung bewältigt hast.

Welche Eigenschaften deiner Kinder sind dir in den Sinn gekommen? Wie hast du ihnen dein Lob ausgedrückt? Wie haben sie darauf reagiert?

Deshalb sollt ihr einander Mut machen und einer den anderen stärken, wie ihr es auch schon tut. (1. Thessalonicher 5,11)

TAG 13

Die Liebe weist zurecht

Daran solltet ihr erkennen, dass der Herr, euer Gott, euch erzieht, so wie Eltern ihr Kind erziehen. (5. Mose 8,5)

Wir tun unseren Kindern keinen Gefallen, wenn wir ihr schlechtes Benehmen beschönigen oder ignorieren. Die Liebe verlangt von uns, sie klug zurechtzuweisen. Das ist auch einer der Wege, wie Gott seinen Kindern seine Liebe zeigt. „Mein Sohn, lehne dich nicht dagegen auf, wenn der Herr dich zurechtweist … Denn der Herr weist die zurecht, die er liebt, so wie ein Vater seinen Sohn zurechtweist, an dem er Freude hat" (Sprüche 3,11-12).

Je mehr du deine Kinder liebst, umso weniger wirst du bereit sein, törichtes Benehmen und Auflehnung einfach hinzunehmen oder absichtlich zu übersehen. „Wer seinen Sohn nicht straft, der liebt ihn nicht; wer seinen Sohn liebt, weist ihn schon früh zurecht" (Sprüche 13,24). Denn auch wenn Zurechtweisung unwillkommen und unangenehm ist, lehrt sie ein Kind letztendlich, klug zu handeln und sich respektvoll unterzuordnen (siehe Sprüche 22,15).

„Keine Strafe ist angenehm, und während wir sie erleiden, ist sie immer schmerzlich! Doch danach werden diejenigen, die auf diese Weise geformt werden, inneren Frieden und ein Leben in der Gerechtigkeit gewinnen" (Hebräer 12,11).

Wir müssen unseren Kindern begreiflich machen, dass ihre Taten Konsequenzen nach sich ziehen und dass eine größere Freiheit, ein gutes Gewissen und bleibende Freude die Folgen von gutem Benehmen und einem gottgefälligen Charakter sind. In der Bibel heißt es, die Erziehung unseres himmlischen Vaters ist „immer richtig und gut für uns", weil sie uns hilft zu reifen und ihm ähnlicher zu werden (siehe Hebräer 12,10).

Wann immer wir das Verhalten unserer Kinder nicht korrigieren, obwohl es ganz offensichtlich angebracht wäre, sollten wir deshalb ganz ehrlich in unser Herz hineinhören. Wir müssen uns fragen, ob es uns wichtiger ist, für den Augenblick den Frieden zu wahren oder für den Rest ihres Lebens ihren Charakter zu stärken.

Natürlich sind wir oft versucht, den einfachen Weg zu gehen und das schlechte Benehmen unserer Kinder zu entschuldigen, sei es, weil wir einfach müde sind oder weil wir den Zorn und den Widerstand unserer Kinder fürchten. Doch die Liebe schreitet ungeachtet aller äußeren Umstände ein und hat den Mut, das in der Situation Erforderliche zu sagen und zu tun. Dasselbe tut Gottes Liebe auch für uns als seine Kinder.

Denk daran, auf welchen Stufen Gott uns zurechtweist. Er ermahnt uns zunächst, gibt uns klare Anweisungen und sagt uns schon vorab, welche Konsequenzen es nach sich ziehen wird, wenn wir ihm nicht gehorchen. Wenn wir uns ihm widersetzen, warnt oder tadelt er uns. Wenn wir uns jedoch gegen ihn auflehnen, weist er uns in seiner Liebe streng zurecht und lässt uns schmerzhafte, aber angemessene Konsequenzen spüren (siehe Hebräer 12,5-6). Er ist geduldig, aber er lässt sich auch nicht auf der Nase herumtanzen.

Ebenso sind auch Eltern, insbesondere Väter, dazu angehalten, ihre Kinder „in der Zucht und Ermahnung des Herrn" zu erziehen (siehe Epheser 6,4; Elberfelder). Der ältere Begriff *Zucht* meint, dass wir ihnen klare Anweisungen geben und sie zurechtweisen, wenn sie die Regeln brechen. Die *Ermahnung* jedoch geht tiefer. Wenn wir unsere Kinder ermahnen, appellieren wir an ihr Gewissen – in dem Wissen, dass es letztendlich Gott ist, dem sie die Ehre geben und gehorchen sollen.

Solange deine Kinder keinen grundlegenden Respekt vor Gott entwickeln, fehlt ihnen eine entscheidende Voraussetzung, um in der Zukunft moralisch einwandfreie Entscheidungen zu treffen. Gottes Charakter und seine Gebote sind das *Warum* hinter dem, *was* wir ihnen beibringen. Lügen ist falsch, weil Gott die Wahrheit ist und uns geboten hat, in der Wahrheit zu leben. Bitterkeit und Hass stehen seiner Liebe und seinen Geboten entgegen. Alle Autoritäten vertreten seine Autorität. Wenn wir unsere Kinder nicht lehren, uns „als dem Herrn" zu gehorchen, lehren wir sie nur, auch Gott in Zukunft weiter ungehorsam zu sein.

In der Bibel lesen wir die Geschichte von Eli, einem angesehenen hebräischen Priester, dessen Söhne aufgrund von Betrügereien, Diebstählen und Unmoral in Verruf geraten waren. Eli war sehr betrübt über ihr Verhalten, doch er zog sie nicht dafür zur Rechenschaft. Gott war darüber verärgert und er fragte Eli: „Warum ehrst du deine Söhne mehr als mich ..." (siehe 1. Samuel 2,29; 3,13). Statt sie zu tadeln, hatte Eli aus blinder Liebe zu ihnen ihr momentanes Glücksgefühl über Gottes Anweisung gestellt, sie vor dem Herrn zu erziehen. Was sich wie Liebe für seine Kinder anfühlte, hatte sich ironischerweise als zerstörerische Missachtung ihrer Seele entpuppt. Wenn wir uns wie Eli weigern, unsere Kinder zurechtzuweisen, müssen wir uns am Ende fragen, ob wir sie auf lange Sicht wirklich lieben.

Wenn du deinen Kindern nicht beibringst, dich zu respektieren und dich in der aktuellen Auseinandersetzung ernst zu nehmen, wirst du im Lauf der Zeit noch in unzähligen weiteren Auseinandersetzungen den Kürzeren ziehen. Die Liebe läuft nicht vor Problemen davon; durch sie nehmen Eltern die Schwierigkeiten in Kauf, die Erziehung mit sich bringt. Wenn Kinder sündigen, tritt die Liebe auf den Plan – um ihnen zu erklären, was falsch ist und warum. Um zu bekräftigen, was für sie das Beste ist. Um Unvernunft und Rebellion entschieden in ihre Schranken zu weisen. Um drohende Konsequenzen aufzuzeigen und klare Grenzen zu ziehen.

Die Bibel befürwortet keinesfalls hasserfüllte oder brutale Misshandlung, aber sie ruft uns dazu auf, eine *angemessene* Disziplin walten zu lassen, die eindrucksvoll genug ist, dass unsere Kinder die Lektion lernen und uns als Autorität respektieren. Dann werden sie ihr schlechtes Benehmen nicht wiederholen wollen. Wenn Eltern nur belehrende Monologe halten, nörgeln und mit Strafen drohen, die dann doch nie vollzogen werden, nehmen ihre Kinder sie nicht mehr ernst. Deine Worte haben nur Gewicht, wenn ihnen Taten und Konsequenzen folgen.

Wenn dein Kind etwas falsch gemacht hat und du ihm gesagt hast, dass es deshalb Hausarrest bekommt oder ein Vorrecht verliert, dann musst du das auch so halten. Sonst sind deine Worte nichts weiter als heiße Luft und du wirst unglaubwürdig oder, noch schlimmer, stehst als Lügner da.

Doch jede Bestrafung muss immer mit Geduld, Gnade und Barmherzigkeit in der Waage gehalten werden. Achte immer darauf, dass das Herz deiner Kinder keinen Schaden nimmt, sei fair zu ihnen und erkläre ihnen deine Entscheidungen liebevoll und verständlich. Wenn du aus unkontrolliertem Zorn heraus handelst oder die Strafe, die du ihnen auferlegst, in keinem Verhältnis zu ihrem Vergehen steht, kann Bitterkeit in deinen Kindern entstehen. Doch unsere Welt hat schon genug enttäuschte und charakterlose Kinder, die nur auf ihren Vorteil aus sind und sich trotzig nehmen, so viel sie nur können. Die Liebe spornt uns dazu an, verantwortungsvolle und respektvolle Kinder großzuziehen. Kinder, die Gott lieben und integer sind. Die für ihre Familien und die Gesellschaft ein Segen sind. Und das erfordert eine elterliche Liebe, die es wagt, sie zurechtzuweisen.

DEINE HERAUSFORDERUNG FÜR HEUTE

GEH IN GEDANKEN DIE DISZIPLINARISCHEN MASSNAHMEN DURCH, DIE DU BEI DEINEN KINDERN ANWENDEST, UND BETE DARÜBER. SIND SIE WIRKLICH EFFEKTIV? ENTHALTEN SIE SOWOHL EINE KORREKTUR IHRES VERHALTENS ALS AUCH DEN APPELL AN IHR GEWISSEN? NIMM DIR VOR, JEDE ZURECHTWEISUNG UND STRAFE IN ZUKUNFT SOFORT ZU GEBEN, ABER DABEI FAIR ZU BLEIBEN. ACHTE DARAUF, DASS ALLES, WAS DU TUST, ZUM ZIEL HAT, GOTT ZU EHREN.

❑ Setze hier ein Häkchen, wenn du die heutige Herausforderung bewältigt hast.

Was solltest du verändern, um sicherzustellen, dass du deine Kinder sowohl mit „Zucht" als auch mit Ermahnung erziehst?

Denn das Gebot und die Lehre sind ein Licht,
das deinen Weg erhellt. Die Korrektur durch
die Zurechtweisung ist der Weg zum Leben. (Sprüche 6,23)

TAG 14

Die Liebe zeigt Mitgefühl

Wie sich ein Vater über seine Kinder zärtlich erbarmt, so erbarmt sich der Herr über alle, die ihn fürchten. (Psalm 103,13)

Vielleicht sind deine Kinder bisher davon verschont geblieben, aber es werden wohl Tage kommen, an denen sie von den unvermeidlichen dunklen Wolken des Lebens überschattet werden und damit umgehen müssen. Herzzerreißende Enttäuschungen. Niederschmetternde Misserfolge. Schlechte Neuigkeiten. Verwirrung, Angst und Stress.

Das kann die unterschiedlichsten Ursachen haben: der Verlust von etwas, das ihnen sehr am Herzen liegt, ein Patzer in der Schule, die grausame Bemerkung eines anderen Kindes oder vielleicht schämen sie sich auch für eine Sünde oder ihr eigenes schlechtes Benehmen. Aber ganz gleich, was die dunkle Wolke im Leben unserer Kinder heraufbeschworen hat – sie bietet uns Eltern die ideale Gelegenheit, eine der im Leben am meisten geschätzten Eigenschaften zu zeigen … *Mitgefühl*.

Nach dem Mitgefühl anderer sehnen wir uns alle, wenn wir verletzt sind, eine schwere Last tragen oder uns für etwas schämen. Es ist das Mitgefühl, das wir an jenen bewundern, die die Armen unterstützen oder körperlich beeinträchtigten und unterdrückten Menschen dienen.

Mitgefühl haben bedeutet schlicht, dass wir an der schweren Last, die ein anderer zu tragen hat, aufrichtig Anteil nehmen und bereit sind, etwas zu tun, um sie ihm zu erleichtern. Es bedeutet, dass wir jemandem zuhören, der uns erzählt, womit er zu kämpfen hat, statt seine Schwierigkeiten abzutun und ihn damit allein zu lassen. Dass wir uns die Zeit nehmen, eine Träne abzuwischen, und nicht zulassen, dass ihr noch eine weitere folgt. Dass wir Scham zudecken, statt den Menschen bloßzustellen. Die Last teilen, statt sie zu ignorieren.

Wenn Menschen seelisch leiden, dürsten sie nach Barmherzigkeit, ganz gleich woher sie kommt, und klammern sich an jede Person, die ihnen ein wenig Mitgefühl entgegenbringt. Als Mütter und Väter sagen wir aus Liebe und Mitgefühl: „Mir ist wichtig, wie es dir geht!“, wenn unsere Kinder davon überzeugt sind, dass sich niemand für ihr Problem interessiert. Deshalb ist es so wichtig, Mitgefühl – diese so lebenswichtige, von Gott gegebene Charaktereigenschaft – auch zu zeigen.

Schwierige Situationen im Leben unserer Kinder bieten uns hervorragende Gelegenheiten zu beweisen, dass wir für sie ein sicherer Zufluchtsort sind, an den sie mit all ihren Problemen und ihrer Zerbrochenheit kommen können. Gehen wir hingegen einfach über ihren Schmerz hinweg, ohne ihnen Gehör zu schenken oder Hilfe anzubieten, dann ist es sehr unwahrscheinlich, dass sie später, wenn es um ernstere Dinge geht, damit zu uns kommen.

Menschen ohne jedes Mitgefühl werden immer als selbstsüchtig und herzlos angesehen. Als kalt und gefühllos. Wenn Arbeiter streiken, Teenager rebellieren, Frauen ihre Männer verlassen und Nationen ihren Diktator stürzen, dann auch deshalb, weil sie jedes Mitgefühl vermissen.

Es ist nicht immer einfach, Mitgefühl zu haben, und es stellt sich auch nicht unbedingt automatisch ein. Es ist selten angenehm oder bequem. Doch deine Kinder sollten nicht den geringsten Zweifel daran haben, dass du ihre Probleme ernst nimmst. Für sie solltest du wie eine Oase der Fürsorge und der Anteilnahme sein und keine trockene Wüste, die ihnen nichts zu bieten hat, was ihnen Erleichterung verschaffen könnte. Doch dafür brauchst du ein offenes und verständnisvolles Herz. Kinder sind leicht zu beeindrucken. Lass sie wissen, dass du immer für sie da bist und sie zu jeder Zeit zu dir kommen können, wenn sie Trost oder einen Rat brauchen.

Wie für so vieles andere, dient uns Jesus auch als Vorbild für die besten Eigenschaften der Liebe, einschließlich Barmherzigkeit und Mitgefühl. Er gab uns ein großartiges Beispiel dafür, wie wir unserem Mitgefühl Ausdruck verleihen können, und zwar gegenüber

- den *Müden*, die erschöpft und hilflos sind (siehe Matthäus 9,36; Elberfelder),
- den *Unwissenden*, die wie Schafe ohne Hirten sind (siehe Markus 6,34),
- den *Unorganisierten*, die kurz davor sind zusammenzubrechen (siehe Markus 8,1-3),
- den hoch *Verschuldeten* (siehe Matthäus 18,27),
- den *Trauernden*, die einen geliebten Menschen verloren haben (siehe Lukas 7,12-14),
- den zerbrochenen *Sündern* (siehe Lukas 15,20-21),
- den *Misshandelten* und *Bedürftigen* (siehe Lukas 10,31-35).

Jesus ließ Mitleid zu: Er konnte den Kummer und die Probleme der Menschen persönlich nachfühlen. Dann schritt er zur Tat, um ihnen ihre Last zu erleichtern. Tatsächlich zeichnen diese sieben Beispiele für das Mitgefühl Jesu ein recht vollständiges Bild seiner Erlösung: Er kam zu uns, als wir *erschöpft* von der Sünde waren und geistlich in seiner *Schuld* standen, als wir *unwissend* waren, wie wir uns rechtfertigen sollen, und *nicht darauf vorbereitet* waren, vor Gott zu treten. Obwohl er *betrübt* und sich unserer *Bösartigkeit* schmerzlich bewusst war, bot er uns *Bedürftigen* die notwendige Vergebung an, die uns aufgrund seines liebevollen Opfers gewährt werden kann (siehe Römer 5,8).

Er sagte: „Kommt alle her zu mir, die ihr müde seid und schwere Lasten tragt, ich will euch Ruhe schenken. Nehmt mein Joch auf euch. Ich will euch lehren, denn ich bin demütig und freundlich, und eure Seele wird bei mir zur Ruhe kommen. Denn mein Joch passt euch genau, und die Last, die ich euch auflege, ist leicht" (Matthäus 11,28-30). Er kommt uns in Krisenzeiten zu Hilfe, wenn unser Herz nach ihm schreit. Er versteht unsere Schwächen (siehe Hebräer 4,15-16) und antwortet auf unsere Gebete.

Genauso werden sich auch unsere Kinder näher zu uns hingezogen fühlen und immer wieder mit ihren Problemen zu uns kommen, wenn wir bereit sind, sie zu trösten und wieder aufzurichten. Statt allein mit ihren geistlichen Zweifeln und Fragen kämpfen zu müssen und zu hoffen, dass du nie herausfindest, was sie angestellt haben, statt sich Sorgen darüber zu machen, weil sich ihr Körper verändert, oder statt aufgrund von Bemerkungen ihrer Altersgenossen verunsichert zu sein, werden sie wissen, dass deine Tür und dein Herz immer offen für ihre Geständnisse und Sorgen sind.

Natürlich gibt es die entscheidenden Momente, in denen du ihnen sagen musst, dass sie nicht im Selbstmitleid versinken dürfen und anfangen müssen erwachsen zu werden. Oder dass ihnen klar werden muss, dass das Leben nicht fair ist und Menschen grausam sein können. Oder dass sie sich von ihren Sünden abwenden und ihre Beziehung mit Gott in Ordnung bringen müssen. Doch diese Art Beratung und Zurechtweisung muss immer in einem ausgeglichenen Verhältnis zu den empathischen Momenten stehen, in denen du ihnen Wärme und Mitgefühl zeigst. Nur so werden sie wissen, dass es dir unendlich wichtig ist, wie es ihnen geht, und dass du aus Liebe zu ihnen bereit bist, ihren Kummer nachzuempfinden und ihre Last zu tragen (siehe Galater 6,1-2).

Auf diese Weise verkörperst du die sanften Hände Jesu. Du schließt sie in die Arme, statt ihnen den Hals umzudrehen. Du weißt, wann du einschreiten und ihnen aus einer schwierigen Lage heraushelfen solltest, statt sie damit allein zu lassen. Dein Mitgefühl kann Heilung bewirken.

DEINE HERAUSFORDERUNG FÜR HEUTE

HALTE AUGEN UND OHREN OFFEN UND SUCHE NACH MÖGLICHKEITEN, DEINEN KINDERN MITGEFÜHL ZU ZEIGEN UND IHNEN EINE LAST, DIE ZU SCHWER FÜR SIE IST, ZU ERLEICHTERN. FRAGE SIE, OB DU WEGEN EINES PROBLEMS, VON DEM SIE DIR KÜRZLICH BERICHTET HABEN, FÜR SIE BETEN DARFST.

❑ Setze hier ein Häkchen, wenn du die heutige Herausforderung bewältigt hast.

Welche Möglichkeiten hast du gefunden, um deinen Kindern dein Mitgefühl zu zeigen? Wie haben sie darauf reagiert?

Umgib mich mit deinem Erbarmen,
damit ich wieder leben kann … (Psalm 119,77)

TAG 15

Die Liebe kommt von Gott

Liebe Freunde, lasst uns einander lieben,
denn die Liebe kommt von Gott. (1. Johannes 4,7)

Die Liebe, die Eltern für ihre Kinder empfinden, ist eine der stärksten aller menschlichen Emotionen. Sie ist wunderschön und kraftvoll. Wenn sie ihr Neugeborenes im Arm halten, wenn sie ihrem Sohn zujubeln, der beim Fußball ein Tor schießt, wenn sie ihre Tochter begleiten, wie sie den Gang zum Altar hinabschreitet – elterliche Liebe hört ein Leben lang nie auf.

Für diese familiäre Liebe und die natürliche Zuneigung, die wir für unsere Blutsverwandten – vor allem aber für unsere Kinder – empfinden, steht das griechische Wort *storge*.

Vielleicht kennst du die Wörter *eros*, das für eine romantische, körperliche Liebe zwischen zwei Menschen steht, und *phileo*, das die brüderliche Liebe und Zuneigung beschreibt, die wir für enge Freunde hegen. Aber trotz der unterschiedlichen Bedeutungen haben *storge*, *eros* und *phileo* eines gemeinsam: Sie haben Grenzen. Sie sind limitiert durch die menschlichen Fähigkeiten, sie werden stark von unseren Gefühlen beeinflusst und können sich in Abhängigkeit von den Umständen ändern. Auch selbstsüchtige, böse Menschen sind für eine gewisse Zeit in der Lage, diese Arten von Liebe zu ihrem Ehepartner, ihren Kindern oder Freunden zu entwickeln.

Doch es gibt eine Liebe, die stärker ist als diese drei – und sie ist die wahrhaftigste, reinste und größte Liebe von allen. Sie ist selbstlos und stellt andere an die erste Stelle. Sie ist bedingungslos und bringt die größten Opfer. Und sie hört nie auf, denn sie „erträgt alles, verliert nie den Glauben, bewahrt stets die Hoffnung und bleibt bestehen, was auch geschieht" (1. Korinther 13,7).

Für diese Liebe wird im Neuen Testament das griechische Wort *agape* verwendet. Das ist die Liebe, die wir nach Gottes Gebot in unserem Leben vorrangig zeigen sollen. Die *agape*-Liebe ist einzigartig, weil sie nicht auf Gefühlen, Umständen oder dem Verhalten des geliebten Menschen basiert. Sie ist die unfassbare Liebe, die Gott für uns als seine Kinder hat – und die Liebe, die wir für *unsere* Kinder empfinden können. Das ist auch die Art von Liebe, die wir in jedem Kapitel dieses Buches beschreiben.

Nun ist unsere elterliche Liebe aber durch unsere menschliche Fähigkeit zu lieben begrenzt und von unserer Sündhaftigkeit belastet. Deshalb wird es uns nicht gelingen, unsere Kinder aus uns selbst heraus mit der bedingungslosen *agape*-Liebe zu lieben, und wenn wir uns noch so sehr anstrengen. Der Schlüssel liegt vielmehr darin, ihre reine und vollkommene Quelle anzuzapfen: „... lasst uns einander *(mit der agape-Liebe)* lieben, denn die Liebe *(agape)* kommt von Gott" (1. Johannes 4,7).

Verglichen mit dem Strom der bedingungslosen Liebe Gottes zu uns ist unsere elterliche Liebe nur ein kleines Rinnsal. Aber wenn wir uns mit ihm und seinem unendlich großen Vorrat an Liebe verbinden, können wir unseren Kindern die Liebe schenken, die *Gott* für sie hat. Sie kann durch uns strömen wie ein Fluss, der von einer höher liegenden Quelle genährt wird. Seine Liebe – die Liebe unseres himmlischen Vaters (siehe 1. Johannes 3,1) – verleiht uns Eltern die Fähigkeit, selbstloser und bedingungsloser zu lieben.

Halte doch einen Moment inne und denke über die letzten Sätze nach. Vielleicht hat dich dein Vater in deiner Kindheit nicht genug geliebt und vielleicht wirst du ständig von der Angst geplagt, deine Liebe zu deinen Kindern könnte nicht ausreichen, so sehr du dich auch anstrengst. Aber die Wahrheit ist: Die Liebe, die Gott dir schenkt, um deine Kinder damit zu überschütten, ist unendlich viel größer als deine elterliche Liebe allein. Deine Liebe trägt die Kraft *seiner* Liebe in sich, die Quelle und Ursprung *aller* Liebe ist.

Es ist wichtig, in dieser Wahrheit Ruhe zu finden. Gott, unserem Vater, gehören unsere Kinder viel mehr als uns. Deshalb ist es für uns als Eltern auch Teil unseres Ziels, unseren Kindern zu vermitteln, dass die Liebe Gottes der einzigen Quelle *echter* Liebe entspringt und auch ihren Wert als einzelne Menschen bestimmt. Er hat unsere Kinder geliebt und einzigartig erschaffen und seine Liebe kann sie tragen, ganz gleich wer sie in ihrem Leben ablehnt oder enttäuscht. „Wenn selbst Vater und Mutter mich verlassen", heißt es in Gottes Wort, „wird doch der Herr mich aufnehmen" (Psalm 27,10).

Wenn wir unsere Kinder also so lieben, wie wir sollten, dann liegt das nicht an ihrem niedlichen Gesichtsausdruck oder ihrem jugendlichen Charme. Und wir lieben sie auch nicht weniger, wenn ihr Respekt oder ihre Selbstbeherrschung zu wünschen übrig lassen. Wir lieben sie, weil Gott die Liebe ist (siehe 1. Johannes 4,16) und weil er uns zuerst geliebt hat (1. Johannes 4,19).

Wenn wir unsere Kinder betrachten – egal ob sie noch Babys sind, im Teenageralter oder bereits erwachsen – sehen wir einzigartige Menschen, die „nach dem Bild Gottes" erschaffen wurden (siehe 1. Mose 1,27). Und obwohl sie von der menschlichen Sünde verunreinigt sind (siehe Psalm 51,7), liebt ihr Vater im Himmel sie dennoch mit seiner vollkommenen *agape*-Liebe (siehe Römer 5,8).

Behalte jeden Tag und bei jeder neuen Herausforderung diese eine tief greifende Wahrheit im Hinterkopf, die alles verändert: *Gott bietet dir die Gelegenheit, seine Liebe zu erfahren und zu repräsentieren*. Unsere Kinder sind nicht nur dazu da, dass wir schöne Fotos von ihnen machen können oder dass sich unser Leben durch sie vollständig anfühlt. Sie sind keine Hindernisse für unsere Freiheit und keine Denkmäler für unsere Größe. Vielleicht erfreuen sie uns und machen uns stolz. Vielleicht frustrieren und enttäuschen sie uns. Aber letztendlich geht es bei unseren Kindern nicht um *uns*. Es geht um denjenigen, der sie uns geschenkt hat, und um die Liebe, die er für sie hat.

Gott liebt deine Kinder mehr als du. Und du wirst sie noch mehr lieben als jetzt gerade, wenn du seiner Liebe erlaubst, in dich hinein und durch dich hindurch an sie weiterzufließen. Das passiert im Glauben. Das passiert, wenn wir uns seinem Sohn zuwenden, in dem sich Gottes Liebe am größten ausdrückt (siehe Johannes 15,13). Und es passiert, wenn wir täglich mit ihm leben und beten: „Himmlischer Vater, ich nehme deine vollkommene und bedingungslose Liebe zu mir an und ich bete, dass du durch mich auch meine Kinder liebst. Mach mich zu einem Sprachrohr für deine vollkommene Liebe."

Warum haben wir überhaupt Kinder? *Weil Gott sie liebt und sich dafür entschieden hat, sie mit uns zu teilen.* Wofür steht unsere Beziehung zu unseren Kindern? *Sie ist ein lebendiges Bild der Liebe Gottes zu Jesus und seiner Liebe zu uns.* Was bestimmt in unseren Augen ihren Wert? *Die unglaublich große Liebe, die Gott für sie empfindet.* Was ist das Ziel unserer Erziehung? *Gott dadurch zu lieben und zu ehren, wie wir sie lieben.*

Sie lieben, wie Gott sie liebt. Und wie er uns liebt.

DEINE HERAUSFORDERUNG FÜR HEUTE

WENN SICH DIE GELEGENHEIT BIETET, ERINNERE DEINE KINDER HEUTE DARAN, DASS GOTT LIEBE IST (SIEHE 1. JOHANNES 4,16) UND DASS ER SIE ZUTIEFST LIEBT. BETE MIT IHNEN DAFÜR, DASS SIE NIE VERGESSEN, DASS SIE IMMER ZU IHM ALS IHREM LIEBENDEN HIMMLISCHEN VATER KOMMEN KÖNNEN. UND BETE FÜR DICH SELBST, DASS GOTT DIR HILFT, SEINE LIEBE ZU DIR ANZUNEHMEN UND DICH FÜR DEINE KINDER ZU EINEM SPRACHROHR SEINER LIEBE WERDEN LÄSST (SIEHE JOHANNES 15,9).

❑ Setze hier ein Häkchen, wenn du die heutige Herausforderung bewältigt hast.

Wie haben deine Kinder auf deine Erinnerung reagiert? Hat Gott dir etwas Neues über seine Liebe offenbart? Oder darüber, wie du deine Kinder lieben kannst?

Du bist mein Vater, mein Gott,
mein rettender Fels. (Psalm 89,27)

TAG 16

Die Liebe respektiert Gott

Die Ehrfurcht vor dem Herrn ist der Anfang der Erkenntnis. (Sprüche 1,7)

Wir lehren unsere Kinder, sich vor herannahenden Fahrzeugen im Straßenverkehr und vor fremden Hunden in Acht zu nehmen und keine Finger in Steckdosen zu stecken. Die Furcht vor gefährlichen Dingen oder Situationen ist angemessen und dient ihrem Schutz. Doch es gibt eine andere Furcht, die sie nicht nur schützt, sondern auch Ehre und Segen in ihr Leben bringt.

Das ist die Ehrfurcht vor Gott.

Hast du gewusst, dass Eltern das Gebot auferlegt wurde, ihre Kinder in der Furcht Gottes zu erziehen, damit sie ein besseres und längeres Leben haben (siehe 5. Mose 6,1-13)? Eine gesunde Furcht des Herrn ist die entscheidende Grundlage, die unsere Kinder in die Lage versetzt, klüger nachzudenken, respektvoller zu reden und einen Lebensstil zu entwickeln, der Gott gefällt.

Wir sollten die Einladung Davids wiederholen, der sagte: „Kommt, ihr Söhne, hört mir zu: die Furcht des Herrn will ich euch lehren“ (Psalm 34,12; Elberfelder). Die Furcht des Herrn meint einen tiefen Respekt vor dem Einen, der allmächtig und vollkommen heilig ist. Sie veranlasst uns nicht, vor Gott zu fliehen. Ganz im Gegenteil gibt sie uns noch mehr Grund, zu ihm zu laufen und vor ihm, der so rein und mächtig ist, auf die Knie zu fallen. Die Furcht des Herrn lehrt uns – Eltern wie Kinder –, seine Regeln und Gesetze sehr, sehr ernst zu nehmen.

Gott ist nicht nur geduldig, freundlich und liebevoll, sondern auch heilig, mächtig und absolut gerecht. Man kann ihn nicht verspotten, missachten oder ignorieren, ohne dass das

Konsequenzen nach sich zieht (siehe Galater 6,7). Er herrscht über alles; der Himmel und die Erde sind unter seinen Füßen (siehe Matthäus 28,18; 1. Korinther 15,27; Elberfelder). Die Bibel beschreibt ihn als ein „verzehrendes Feuer“, dem wir voller Ehrfurcht dienen sollten (siehe Hebräer 12,29). Die Furcht des Herrn macht uns weise, wenn wir erkennen, dass wir in einem Universum leben, das vollkommen seiner Kontrolle untersteht (siehe Matthäus 28,18; Psalm 103,19).

Zunächst müssen wir uns Gottes *Gegenwart* bewusst machen. Wir können weder vor ihm weglaufen noch uns vor ihm verstecken (siehe Psalm 139,1-12). Er kennt jeden einzelnen unserer Gedanken und Wünsche und jedes Motiv, das uns antreibt. Seine reinen Augen sehen alles, was wir tun (siehe Sprüche 15,3).

Zweitens lässt uns die Furcht des Herrn seine grenzenlose *Macht* erkennen. Er ist der Allmächtige, der unser Leben und unser Schicksal in seiner Hand hält. Jesus sagte: „Habt keine Angst vor denen, die euch umbringen wollen. Sie können nur euren Körper töten; eure Seele ist für sie unerreichbar. Fürchtet allein Gott, der Leib und Seele in der Hölle vernichten kann“ (Matthäus 10,28). Wir dürfen nie unsere Ehrfurcht davor verlieren, was seine Gnade für uns bereithält und wovor sie uns bewahren kann. Gott ist kein vergesslicher alter Mann. Seine Macht über uns wird nur durch die Kraft seiner liebevollen Gnade in den Schatten gestellt.

Drittens erinnert uns die Furcht des Herrn daran, Gott in seiner *Heiligkeit* als den Einen zu respektieren, der sich von allem anderen abhebt, der unendlich größer und höher ist als alles andere und in jeder Hinsicht vollkommen ist. Der Versuch, sich ihm zu nähern, käme dem Versuch gleich, auf der Sonne zu landen. Der Versuch, ihn zu verstehen, hätte ähnliche Aussichten auf Erfolg wie der Versuch einer Ameise, einen Ozean leer zu trinken.

Wenn ein Mensch und seine Kinder lernen, den Herrn zu fürchten, fangen sie an, das Böse, Stolz und Perversion zu hassen (siehe Sprüche 8,13) und die „Fallen des Todes" zu meiden (siehe Sprüche 14,27; Elberfelder). Diese Furcht lässt sie erkennen, dass es einen heiligen Gott gibt, der sie sieht. Das kann einem kleinen Mädchen helfen, nicht länger zu lügen, und einen Teenager davon überzeugen, sein unmoralisches Verhalten abzulegen.

Eine der eindringlichsten Warnungen in der Bibel richtet sich an jene, die Gott herabsetzen oder ignorieren. Manche Menschen sind so dumm zu glauben, man könnte ihn einfach nicht beachten oder austricksen, obwohl er „die Sterne zählt und jeden einzelnen beim Namen nennt" und „seine Erkenntnis alles übersteigt, was wir begreifen können" (siehe Psalm 147,4-5). Würden die Menschen dieser Welt Gott fürchten, dann würden sie aufhören zu stehlen und zu töten, zu hassen und zu verletzen und stattdessen anfangen, ihm und einander demütig Respekt zu zollen.

Als Eltern sollten wir unsere Kinder auf eine Weise segnen, die leider oft vernachlässigt wird: Wir können ihnen zeigen, dass auch wir persönlich den Herrn voll Demut anbeten, und zwar nicht nur während des Gottesdienstes. Sie sollten erkennen können, dass unsere Liebe zu ihm authentisch ist und sich überall und jederzeit auch in Gehorsam und Ehrfurcht vor ihm ausdrückt. Wir sollten ihn so sehr respektieren, dass wir in keiner Weise so leben wollen, wie es ihm missfällt.

„Glücklich ist der Mensch, der Ehrfurcht hat vor dem Herrn", heißt es in der Bibel „Ja, glücklich ist, der sich über seine Gebote freut. Ihre Nachkommen werden zu Macht und Ansehen gelangen, die Kinder der Gottesfürchtigen werden gesegnet werden" (Psalm 112,1-2). David schrieb: „Wie groß ist deine Güte, die du denen bereithältst, die dich ehren, und vor den

Menschen denen zeigst, die dich um Schutz bitten" (Psalm 31,20).

Die Ehrfurcht vor dem Herrn ist eine lebensspendende Quelle, die alle unsere Ängste vertreiben kann (siehe Sprüche 14,26-27). Sie bewahrt uns nicht nur davor zu sündigen, sondern öffnet auch die Schleusen für viele Segnungen: Weisheit, Rat und Verständnis. Wohlstand, Ehre und ein Leben, das reiche Frucht bringt. Gottes Gegenwart und Versorgung.

Die Furcht des Herrn gehört also zu den wichtigsten Werten, die du deinen Kindern ans Herz legen kannst. Daran solltest du auch in deinen Gebeten für sie denken. Wenn sie lernen, Gott zu respektieren, werden sie auch dich respektieren und das Leben in einem neuen Licht betrachten. Je deutlicher du ihnen die Größe Gottes vor Augen führst und ihnen erklärst, wie wichtig es ist, ihn zu fürchten und zu ehren, umso eher werden sie erkennen, welche Güte seiner Kraft innewohnt, die sie so sicher und verlässlich führt und versorgt.

Gott flößt uns Ehrfurcht ein, aber er möchte auch eine innige Beziehung zu uns haben. Er ist allmächtig und doch allbarmherzig. Einem Gott zu dienen, der so groß ist, ist keine Last, sondern ein heiliges Vorrecht. Je mehr deine Kinder ihn fürchten, umso besser können sie ihn kennenlernen und in Demut lieben, während seine Größe ihr Herz erfüllt und erhellt.

Wenn wir Gott verleugnen, stehen uns viele Tränen und viele Jahre des Bedauerns bevor. Entscheiden wir uns jedoch dafür, ihn zu fürchten, legen wir damit den Grundstein für das beste und erfüllteste Leben, das es nur geben kann.

DEINE HERAUSFORDERUNG FÜR HEUTE

BITTE DEINE KINDER, MIT DIR ZUSAMMEN PSALM 139 ZU LESEN. FRAGE SIE ANSCHLIESSEND, WAS DER PSALM IHNEN DARÜBER SAGT, WO GOTT IST UND WAS ER ÜBER JEDEN EINZELNEN MENSCHEN WEISS. ERKLÄRE IHNEN, DASS GOTT SIE ERSCHAFFEN HAT, DASS ER SIE LIEBT UND SIE IMMER SIEHT, UND DASS ER EINES TAGES DARÜBER URTEILEN WIRD, WIE SIE IHR LEBEN GELEBT HABEN.
BETET ZUM SCHLUSS NOCH DIE VERSE 23 UND 24 ZUSAMMEN.

❑ Setze hier ein Häkchen, wenn du die heutige Herausforderung bewältigt hast.

Wie haben deine Kinder auf diese Wahrheiten reagiert? Was haben sie über die Verse, die ihr zusammen gelesen habt, gesagt? Inwiefern könnten diese Verse die Denkweise deiner Kinder oder deinen Erziehungsstil ändern?

Er wird segnen, die den Herrn verehren, die Kleinen und die Großen. (Psalm 115,13)

TAG 17

Die Liebe sucht Gottes Segen

Du machst ihn für alle Zeiten zum Segen für andere und erfüllst ihn durch deine Gegenwart mit Freude. (Psalm 21,7)

Eltern hoffen, dass ihre Kinder gesund auf die Welt kommen und glücklich aufwachsen. Sicher und geborgen. Geliebt und gesegnet. Aber was bedeutet das eigentlich? Was heißt *gesegnet* bei einem Kind, einem Teenager oder einem jungen Erwachsenen? Das Wort transportiert die Vorstellung, dass jemand Wohlwollen genießt, sein Leben fruchtbar und erfüllt ist. Dass er erfolgreich und zufrieden ist und Grund hat, sich zu freuen und glücklich zu sein.

Ja, wir alle wollen, dass unsere Kinder gesegnet sind. Stark. Klug. Begabt. Fröhlich. Gesegnet mit großartigen Freundschaften und einer gesunden Ehe. Aber wen segnet Gott? Und wie können unsere Kinder in den Genuss dieses Segens kommen?

Erstens: Wusstest du, dass dein eigener Glaube und deine Beziehung mit Gott für ihn ein Grund ist, deine Kinder reich zu segnen? In der Bibel heißt es: „Glücklich ist der, der den Herrn fürchtet und auf seinen Wegen geht!“, denn infolgedessen wachsen deine Kinder auf „wie junge Olivenbäume“ – fruchtbar, stark und gesund (siehe Psalm 128,1 und 3). Gott segnete Abrahams Nachkommen, weil dieser einen großen Glauben hatte (1. Mose 17,6-8). Später erklärte er seinem Volk an den Grenzen des verheißenen Landes: „Heute stelle ich euch vor die Wahl zwischen Leben und Tod, zwischen Segen und Fluch. Der Himmel und die Erde sind meine Zeugen. Wählt doch das Leben, damit ihr und eure Nachkommen am Leben bleiben! Entschließt euch, den

Herrn, euren Gott, zu lieben, ihm zu gehorchen und euch ihm ganz anzuvertrauen ..." (5. Mose 30,19-20).

In Gottes Wort heißt es also: Wenn du im Glauben bleibst und rechtschaffen lebst – wenn du Gott liebst, ihn fürchtest und ihm gehorchst – wird er dich und deine Kinder dafür segnen.

Darüber hinaus beschrieb Jesus in der Bergpredigt verschiedene, von Liebe und Selbstlosigkeit geprägte Herzenshaltungen, die wir in uns entwickeln sollen und für die uns Gott seinen Segen und Glückseligkeit verheißt, ganz gleich wie unser Umfeld oder unsere Umstände aussehen mögen (siehe Matthäus 5,3-12). Diese sogenannten „Seligpreisungen" fallen uns nicht automatisch zu. Je früher wir also damit anfangen, unseren Kindern diese Herzenshaltungen zu Hause beizubringen, sie ihnen vorzuleben und ihnen gegenüber zu vertreten, umso größer ist die Chance, dass sie in sie hineinwachsen. Jesus sagte:

„Gott segnet die, die erkennen, dass sie ihn brauchen." Andere Bibelübersetzungen nennen das „arm sein im Geist". Beides meint, dass wir uns in jedem Augenblick auf Gottes Kraft, seinen Geist und seine Weisheit verlassen, statt auf uns selbst. In dieser Haltung erkennen wir, dass Vergebung und Erlösung ausschließlich von ihm kommen. Wir werden noch anhaltender beten, weil wir wissen, dass wir nur mit Gottes Hilfe in der Lage sind, anderen an jedem Tag liebevoll zu begegnen und ihnen Gutes zu tun – und nicht weil wir selbst die Kraft dafür haben oder alle Antworten kennen. Kleine Kinder halten sich für unverwüstlich, aber auch sie brauchen jeden Tag Gottes Führung und Schutz. Wir Eltern sollten unser Zuhause zu einem Ort des Gebets machen, wo wir einander ermutigen, unsere Bedürftigkeit demütig einzugestehen, und wo wir gemeinsam um Gottes kraftvolle Gnade bitten, die alles möglich macht.

„Gott segnet die, die traurig sind." Gott hat uns versprochen, die Menschen zu trösten und zu segnen, die um Dinge trauern, die

auch er betrauert. Das Leben von Kindern sollte von Spaß und Lachen erfüllt sein, aber sie sollten auch wissen, dass es vieles gibt, das gar nicht lustig ist – wie Gewalt und Missbrauch, der Verlust eines geliebten Menschen oder wenn ein enger Freund leidet. Die Liebe lacht nicht über Sünde; Sünde bricht ihr das Herz (siehe Hesekiel 9,4). Sie ist betrübt angesichts der Not der Armen und nationaler Katastrophen und grämt sich wegen Tod und Hölle. Wenn Kinder sehen, dass das Leben sehr hässlich sein und großen Schmerz mit sich bringen kann, lernen sie, dass echte Hinwendung zu Gott und anderen Menschen manchmal auch bedeutet, dass sie ein paar Tränen vergießen. Die Liebe hält freudiges Lachen und stille Tränen im Gleichgewicht.

„Gott segnet die Freundlichen und Bescheidenen." Die Liebe macht einen Menschen weder unstet noch widerspenstig, sie setzt andere nicht herab und spielt sich nicht auf. Sie lässt uns demütig werden und andere als genauso wichtig oder gar wichtiger ansehen als uns selbst. Für kleinere Kinder bedeutet das, dass sie lernen zu teilen, sich abzuwechseln und anderen nicht den Spaß zu verderben, indem sie sie herumkommandieren. Für ältere Kinder kann es bedeuten, dass sie andere anfeuern und im Team spielen, statt beleidigt zu sein, weil sie nicht an den Ball kommen oder das meiste Lob einheimsen konnten. Das Wort, das die Bibel auch dafür verwendet, ist *sanftmütig*. Gemeint ist nicht schwach sein, sondern unsere Kraft unter Kontrolle zu behalten. Es bedeutet, dass wir andere nicht unsere körperliche Überlegenheit spüren lassen müssen, sie nicht übertreffen oder in den Schatten stellen müssen. Es bewahrt uns davor, überheblich zu werden, und andere davor, sich klein zu fühlen.

„Gott segnet die, die nach Gerechtigkeit hungern." Wir sollten uns danach sehnen, ein integres Leben zu führen und mit Gott und anderen Menschen im Reinen zu sein. Wir sollten sogar regelrecht danach „hungern". Die meisten Kinder wissen, wie es

ist, sehr großen Appetit auf ihr Lieblingsessen zu haben. Aber vielleicht findest du einen geeigneten Moment, um ihnen beizubringen, dass ihnen nichts auf dieser Welt größere Zufriedenheit schenken kann, als Gott ganz persönlich zu kennen und danach zu hungern, seinem Willen zu folgen (siehe Psalm 16,11; 37,4; 63,6).

„Gott segnet die Barmherzigen" – die Menschen, die anderen vergeben, Mitleid mit den Bedürftigen zeigen, ein dienendes Herz haben und immer bereit sind, anderen zu helfen. *„Gott segnet die, die ein reines Herz haben"* – Menschen, die nicht in jeder Situation ein anderes Gesicht zeigen, sondern ein integres Leben führen und Fehler bereitwillig eingestehen. *„Gott segnet die, die sich um Frieden bemühen"* – Menschen, die eilig versuchen, Streit zu schlichten und den Menschen helfen, miteinander und mit Gott Frieden zu schließen.

Und schließlich: *„Gott segnet die, die ihr Leben Gott ganz zur Verfügung stellen"* – andere Bibelübersetzungen sprechen von jenen, „die um der Gerechtigkeit willen verfolgt werden". Gemeint sind die Menschen, die an ihren Prinzipien festhalten und sich nicht einschüchtern lassen, wenn sie wegen ihres aufrichtigen Charakters oder ihres christlichen Glaubens verfolgt werden. Unsere Kinder sollten lernen, sich zu freuen, wenn sie Gottes Zustimmung haben, ganz gleich was die Welt dazu sagt. Wir wissen, wo Kompromisse unsere Kinder auf lange Sicht hinführen – und das ist nicht das Leben, in dem sie Gottes reichsten Segen empfangen.

Die Liebe will, dass unsere Kinder gesund und glücklich sind und in allem, was sie tun, Erfolg haben. Davon träumen wir und darauf arbeiten wir hin. Deshalb wählt die Liebe einen bewährten Weg, um dieses Ziel zu erreichen: Gottes Verheißungen für Kinder jeden Alters, wie wir sie in den Seligpreisungen der Bergpredigt lesen. Mach deine Kinder zu Hause damit vertraut.

DEINE HERAUSFORDERUNG FÜR HEUTE

STELL DIR FOLGENDE FRAGE: ÖFFNET MEIN – ODER UNSER – LEBENSSTIL EINE TÜR FÜR DEN SEGEN GOTTES IN MEINER FAMILIE ODER STEHT ER GOTTES SEGEN ENTGEGEN? WAS MUSS SICH ÄNDERN? SUCH DANN MINDESTENS ZWEI EIGENSCHAFTEN AUS DEN SELIGPREISUNGEN AUS, DIE IN DIESEM KAPITEL GENANNT SIND, UND SPRICH BEIM ESSEN MIT DEINEN KINDERN DARÜBER. BITTE GOTT ANSCHLIESSEND, DASS ER IN IHNEN UND IN DIR SELBST DIE SEHNSUCHT WECKT, DIESE EIGENSCHAFTEN IN EUREM LEBEN ZU ENTWICKELN.

❑ Setze hier ein Häkchen, wenn du die heutige Herausforderung bewältigt hast.

Was ist dir beim Lesen dieses Kapitels zu deiner Familie eingefallen und wo gibt es Handlungsbedarf? Welche Eigenschaften aus den Seligpreisungen hast du dir ausgesucht und warum? Was hast du aus eurem Gespräch mitgenommen?

Der Segen des Herrn allein macht den Menschen reich, durch eigene Sorge kann er nichts hinzufügen. (Sprüche 10,22)

TAG 18

Die Liebe zeigt uns den Weg

Haltet die Ehe in Ehren und bleibt einander treu! (Hebräer 13,4)

In der Bibel finden wir viele Beispiele für Menschen, die bei Gott Hilfe suchten und dann einen klugen, wenn auch völlig unerwarteten Rat bekamen, der ganz und gar nicht dem entsprach, was sie hören wollten. Naaman, ein Heerführer, wurde zornig, als der Prophet Elisa ihm sagte, dass er sich im Fluss Jordan waschen sollte, wenn er von seinem Aussatz geheilt werden wollte (siehe 2. Könige 5,10-12). Ein materialistisch eingestellter junger Oberer des jüdischen Volkes ging traurig weg, als Jesus ihm sagte: „Verkaufe alles, was du hast, und gib das Geld den Armen ... Dann komm und folge mir nach" (Lukas 18,22).

Gott weiß, dass wir seine Lösungen für unsere Probleme nicht immer verstehen oder mögen. Wenn du also mit dem Wunsch zu ihm kommst, deine Kinder noch mehr lieben zu können, sei nicht überrascht, wenn er dich im Gegenzug mit einer völlig unerwarteten Bitte konfrontiert: *dass du auch deinen Ehepartner noch mehr liebst und respektierst.*

Die Beziehung ihrer Eltern ist das Fundament, auf dem Kinder stehen und aufwachsen. Je mehr aufrichtige Liebe und Respekt du für deinen Ehepartner oder deinen Exehepartner zeigst, umso mehr werden sich eure Kinder stark und geliebt fühlen. Was Liebe ist, erfahren deine Kinder nicht nur durch das, was du ihnen sagst und beibringst, sondern auch durch das, was sie selbst sehen und mitbekommen.

Die Ehe ist einer von Gottes bevorzugten Wegen, um uns beizubringen, wie wir einen anderen selbstsüchtigen Sünder bedingungslos lieben können. In dieser Umgebung können Kinder am besten aufwachsen. Aber jede romantische Beziehung kann in ihr Gegenteil umschlagen, wenn nicht die Liebe den Ton angibt. Dann werden Streit und Bitterkeit in der Beziehung so sicher wie der tägliche Sonnenuntergang. Aber was fühlen deine Kinder, wenn das passiert, was bleibt in ihnen zurück? Unsicherheit, Angst und Zorn. Wie sollen sie verstehen und erklären können, was Liebe ist, wenn ihre Eltern sich ständig streiten? Permanent umgeben von einer derart gestörten Beziehung werden sie es sehr schwer haben, Liebe in ihrer Bedeutung zu fassen und anzunehmen.

Ganz gleich ob man deinen Umgang mit dem anderen Elternteil als fantastisch, mittelmäßig oder eher als Minenfeld beschreiben könnte – dein Verhalten gibt deinen Kindern ein Beispiel, das sie in ihrem Leben am allermeisten beeinflusst. Vielleicht hast du eine heftige Scheidung hinter dir und bist immer wieder in Versuchung, deinem Expartner am Telefon Vorhaltungen zu machen oder dich bei deinen Kindern über ihren abwesenden Vater oder ihre unmögliche Mutter zu beklagen. Doch welche Verwirrung stiftest du in deinen Kindern, wenn sie selbst zwar von jedem Elternteil liebevolle Worte zu hören bekommen, aber gleichzeitig sehen, wie lieblos und feindselig ihre Eltern miteinander umgehen!

Unabhängig davon, wie ihr gerade zueinander steht: Jesus trägt dir auf, den anderen Elternteil deines Kindes zu lieben, ob er nun wie ein enger Freund für dich ist (siehe Johannes 15,13), wie ein entfernter Nachbar (siehe Lukas 10,25-37) oder dein Erzfeind (siehe Lukas 6,27-29). Gottes Ordnung für Beziehungen lässt uns nicht die Wahl zu lieben oder nicht. Auch wenn die Liebe nicht immer Vertrauen und Nähe in jeder Hinsicht bedeutet, sollte sie uns täglich dazu anregen, ein Exempel für Geduld und Freundlichkeit zu statuieren, unabhängig davon, was der andere in der Vergangenheit getan hat. Es mag dir nicht immer leicht fallen, deiner Frau oder deinem Mann gegenüber treu, liebevoll, verständnisvoll und kooperativ zu sein. Doch die Mühe zahlt sich in einer besonderen Währung aus – als Sicherheit, Frieden, Stärke und bessere Selbstannahme, die eure Kinder im Herzen tragen.

Natürlich kannst du die Atmosphäre zu Hause nicht komplett steuern. Du selbst magst alles für die Einheit in deiner Familie tun und stößt doch beim anderen immer wieder auf Abwehr und Unmut. Deine Kinder zu lieben heißt aber auch deinen Teil zu tun, um die Wogen zu glätten: dass du deinen Stolz hinunterschluckst. Dich für deine Fehler entschuldigst. Dass du zuhörst und Verständnis zeigst. Dass du ehrlich prüfst, ob das was dein Partner – oder Ex – dir sagt, nicht vielleicht doch mehr Wahrheit enthält, als du dir eingestehen willst. Wenn du dich selbst aus Liebe veränderst, wirst *du* attraktiver. Doch nicht nur das: Die Wahrscheinlichkeit ist groß, dass du öfter ein warmes Lächeln erntest und die Mahlzeiten mit deiner Familie erheblich angenehmer verlaufen. Das mag nicht die Lösung für alles sein, aber es könnte dazu beitragen, dass dein Schiff in die richtige Richtung steuert.

Ihr Väter, die Verantwortung, eurer Familie den richtigen Weg zu zeigen, liegt zuerst bei euch. Wenn euer Ego angekratzt ist, weil ihr euch respektlos behandelt fühlt, ist es so einfach, euren Zorn an eurer Frau auszulassen, indem ihr sie vor euren Kindern schlechtmacht. Aber das ist unehrenhaft, dumm und lieblos. Abgesehen davon werden deine Kinder das Missfallen, das du gegenüber ihrer geliebten Mutter zum Ausdruck bringst, oft auf sich beziehen und daraus schließen, dass du auch mit ihnen unzufrieden bist.

Beide Eltern sollten ihren Kindern vorleben, wie eine gesunde Beziehung aussieht. Es hat nichts mit Liebe zu tun, wenn ein

Elternteil schlecht über den anderen spricht oder seine Kinder gegen ihn aufbringt. Deine Worte und deine Einstellung sollten deine Kinder dazu veranlassen, ihren anderen Elternteil mehr zu respektieren, nicht weniger. Und wir sollten es unseren Kindern einfacher machen, das Gebot „Ehre deinen Vater und deine Mutter“ zu befolgen – und nicht schwerer.

Meinungsverschiedenheiten solltet ihr hinter geschlossenen Türen und auf respektvolle Weise austragen – das ist völlig in Ordnung. Vor ihren Kindern jedoch sollten Vater und Mutter immer als geeinte Front auftreten und völlige Übereinstimmung demonstrieren, denn ihr beide definiert, welche Vorstellung sie von der Ehe, von Einheit, Kommunikation und Versöhnung bekommen. Und naturgemäß werden sie dazu neigen, eurem Beispiel zu folgen – ob dieses nun von Liebe oder Bitterkeit geprägt ist – und es wohl auch an eure Enkel und Urenkel weitergeben.

Was immer dein Ehepartner oder Exehepartner getan hat – wenn du ihm vergibst, kannst du sehr viel Schaden abwenden. Du kannst die Bombe, die der andere gelegt und gezündet hat, entschärfen und verhindern, dass die Wucht der Explosion eure Kinder erfasst. Und was immer *du* getan hast – du kannst den Entschluss fassen, dich zu ändern und wieder ein Vorbild für Freundlichkeit zu sein. Hab Geduld, wenn sich Probleme nicht so schnell lösen lassen, als es deiner Meinung nach der Fall sein sollte. Bemühe dich nach Kräften und bitte Gott um seine Hilfe, damit du den anderen Elternteil deiner Kinder wieder mehr respektieren und lieben kannst. Damit machst du deinen Kindern eins der größten Liebesgeschenke, auf das sie je hoffen könnten.

DEINE HERAUSFORDERUNG FÜR HEUTE

BITTE GOTT, DIR MEHR LIEBE UND MEHR RESPEKT FÜR DEINEN EHEPARTNER (ODER DEN ANDEREN ELTERNTEIL DEINER KINDER) ZU SCHENKEN. ERZÄHLE DEINEN KINDERN HEUTE ETWAS ERMUTIGENDES UND GUTES ÜBER IHN. WENN DU IHN DEINEN KINDERN GEGENÜBER IN DER VERGANGENHEIT HERABGESETZT HAST, BITTE SIE DAFÜR UM VERGEBUNG.

❑ Setze hier ein Häkchen, wenn du
die heutige Herausforderung bewältigt hast.

Was hast du zu deinen Kindern gesagt? Wie haben sie darauf reagiert?

Täuscht nicht nur vor, andere zu lieben,
sondern liebt sie wirklich. (Römer 12,9)

TAG 19

Die Liebe beschützt

Der Herr behütet dich vor allem Unheil und bewahrt dein Leben. (Psalm 121,7)

Wir müssen uns der Tatsache stellen, dass die Welt schlechter wird, nicht besser. Es gibt nicht mehr allzu viele Städte, wo Kinder den ganzen Nachmittag unbeaufsichtigt draußen in der Nachbarschaft spielen können, bis ihre Mütter sie zum Abendessen rufen. Es gibt immer mehr Gefahren für ihre körperliche Sicherheit und es sind Mächte am Werk, die ihren sich entwickelnden Glauben zerstören wollen. Durch Fernsehen, Videospiele und Internet werden unsere Kinder heute weit früher und öfter mit dem Bösen konfrontiert als je zuvor. Und es ist ganz egal, wie viele Leute dich als übervorsichtig bezeichnen, weil du darauf bestehst zu wissen, wo sich deine Kinder aufhalten und mit wem sie zusammen sind. Es ist nicht deine Aufgabe, anderen zu gefallen. Deine Aufgabe ist es, Mutter oder Vater zu sein.

Und das bedeutet, ein Beschützer zu sein.

In der Bibel lesen wir, wie Moses Mutter ihren kleinen Sohn beschützte, als seine Sicherheit und sogar sein Leben in Gefahr war (siehe 2. Mose 1,22; 2,2). Wir erfahren, wie der Zimmermann Josef zweimal mit Jesus an einen anderen Ort floh, um den Messias vor den mörderischen Absichten des Königs zu bewahren (siehe Matthäus 2,13-14; 22). Und wir lesen, wie Salomo seinen Sohn vor törichten Freunden (siehe Sprüche 13,20), vor üblen Geschäften (siehe Sprüche 6,1-5) und vor käuflichen Mädchen (siehe Sprüche 5,1-14) warnte.

Der Psalmist sagte, „… der Engel des Herrn beschützt die, die ihm gehorchen, und rettet sie“ (Psalm 34,8). Bist du nicht froh darüber, dass Gott immer ein Auge auf dich hat und du jederzeit bei ihm Zuflucht suchen kannst (siehe Psalm 34,9; Elberfelder)? Warum sollten nicht auch deine Kinder in dem tröstlichen Wissen aufwachsen, dass dir ihr Wohlergehen so sehr am Herzen liegt, weil du sie liebst?

Die Liebe beschützt immer (so formuliert es auch eine amerikanische Übersetzung von 1. Korinther 13,7, die New International Version). Die Liebe hält uns dazu an, den Verstand, den Körper, das Herz und die Reinheit unserer Kinder zu bewahren. Statt sie Situationen auszusetzen, mit denen sie völlig überfordert sind, reduziert die Liebe moralische Verwirrung und schockierende Eindrücke auf ein Minimum. Statt sie ihrer Unreife und der Überzeugungskraft ihrer Altersgenossen zu überlassen, lehrt die Liebe unsere Kinder schon sehr früh, ihren Sicherheitsgurt anzulegen. Sie baut moralische Leitplanken auf, damit sie nicht vom Weg abkommen, wenn das Leben eine unerwartete Wendung nimmt. Und diese Grenzen erhält sie aufrecht, bis unsere Kinder reif genug sind, mit größeren Freiheiten umzugehen und Verantwortung zu tragen.

Die Liebe passt auf. Sie hat Rückgrat. Sie kann auch dann Nein sagen, wenn sie damit große Entrüstung oder einen Wutanfall provoziert. Sie ist bereit, als gute Mutter und als guter Vater zu handeln, auch wenn sie dann mal als die Böse dasteht.

Die Liebe nimmt all das in Kauf: Denn so schützt du deine Kinder nicht nur davor, in Schwierigkeiten zu geraten. Auf lange Sicht bewahrst du ihnen ihre Freiheit und all die Möglichkeiten, die ihnen offenstehen. Dieselbe Liebe, die ihnen nicht erlaubt, freitagnachts durch die Stadt zu ziehen, hilft ihnen, ihr Leben in Ordnung zu halten und ihren guten Ruf zu bewahren. Dieselbe Liebe, die dafür sorgt, dass der Computer in einem zentralen Raum im Haus steht, bietet ihnen ein Leben, in dem sie weit weniger mit ständigen Ablenkungen und gefährlichen Abhängigkeiten zu kämpfen haben.

Du solltest darauf gefasst sein, dass die Gesellschaft die Altersgrenze, ab der deine Kinder angeblich bereit sind, mit den dunklen Seiten des Lebens konfrontiert zu werden, ständig herabsetzt. Das gilt für Grausamkeit und Gewalt, sexuelle Zurschaustellung und eine unflätige Ausdrucksweise ebenso wie für unbegrenzten Internetzugang.

Aber denk daran, dass deine Kinder nicht der Gesellschaft gehören. Und ebenso wenig brauchst du den Applaus von jemandem, der nicht das Vorrecht genießt, ein starkes Familienerbe weiterzugeben. Die Bibel erinnert uns daran, dass Gott uns die Aufgabe übertragen hat, über die Seele unserer Kinder zu wachen und dass wir ihm eines Tages Rechenschaft darüber ablegen müssen, wie wir dieser Verantwortung nachgekommen sind (siehe Hebräer 13,17).

Deine Kinder werden schnell genug erwachsen. Setzt euren Einfluss als Eltern dafür ein, den Druck abzublocken, der auf eure Kinder ausgeübt wird. Auf diese Weise verschafft ihr sowohl ihnen als auch euch mehr Zeit, ihr Herz zu gewinnen und sie zu reifen Erwachsenen heranzuziehen. Du kannst ihnen Stück für Stück erlauben, neue Gefilde zu erforschen – wenn sie in der Lage sind, klug damit umzugehen. So bewahrst du sie davor, im Dunkeln umherzutappen und womöglich von der nächsten Klippe zu stürzen.

Schutz meint aber nicht nur Einschränkung. Es geht nicht darum, alles Schlechte lediglich auszuklammern und nicht zuzulassen, dass etwas anderes die Lücke füllt. Schutz bedeutet, dass wir die Flut des Bösen mit einer Flutwelle des Guten überwinden (siehe Römer 12,21). Wir schützen unsere Kinder, indem wir ihnen gute Bücher und Musik zur Verfügung stellen und ihnen helfen Freunde zu finden, die Gott zugewandt sind. Wir unterstützen sie darin, den „Unterschied zwischen heilig und nicht heilig“ zu erkennen, und lehren sie, „wie man zwischen rein und unrein unterscheidet“ (Hesekiel 44,23). Wir schützen sie auch, indem wir auf der Fernbedienung die Stummtaste drücken und offen darüber reden, was an der letzten Filmszene richtig oder falsch war. Wenn du ihnen hilfst, das eine vom anderen zu unterscheiden, und sie darin bestärkst, Nein zu sagen, wenn es nötig ist, werden sie auch in den Zeiten beschützt sein, in denen du sie nicht im Auge hast.

Doch im Moment hast du zu Hause das Sagen. Du bist der Trainer, der die Übungseinheiten festlegt und sie auf den Kampf vorbereitet. Du musst entscheiden, wann du die Zügel anziehst und wieder locker lässt, wann du dich schützend vor deine Kinder stellst und wann du sie ihre eigenen Erfahrungen machen lässt. Wenn du sie heute so vorbereiten willst, dass sie den Kampf morgen gewinnen, sollten sie drei entscheidende Eigenschaften entwickeln:

1. die Fähigkeit, zwischen richtig und falsch zu unterscheiden (siehe Hebräer 5,14),
2. einen Hunger nach dem Guten und einen Hass für das Böse (siehe Römer 12,9),
3. eine gute Portion Mut und die Bereitschaft, auch unter Druck nicht von ihren Überzeugungen abzuweichen, selbst wenn sie dann allein dastehen (siehe Daniel 1,8-16).

Bete dafür und arbeite strategisch darauf hin, dass deine Kinder diese drei Eigenschaften zum Teil ihrer Persönlichkeit machen – und erlaube dir, ihr Beschützer zu sein. Deine Liebe wird deine Kinder nicht nur davor bewahren, dass sie Schaden nehmen. Sie wird auch das geistliche Rückgrat und die feste Überzeugung in ihnen aufbauen, die sie brauchen, um ein integres Leben zu führen und anderen ein gutes Vorbild zu sein.

DEINE HERAUSFORDERUNG FÜR HEUTE

SETZ DICH HEUTE MIT DEINEM EHEPARTNER ZUSAMMEN UND ÜBERLEGT, WELCHE GRENZEN IHR EUREN KINDERN SETZEN WOLLT. LEGT FEST, WIE IHR ZUGANG ZUM INTERNET GEREGELT SEIN SOLL UND WIE VIEL ZEIT SIE VOR DEM FERNSEHER, IM KINO ODER MIT DEM TELEFON VERBRINGEN DÜRFEN. BETET UND STELLT DANN REGELN DAFÜR AUF, WELCHE UNTERNEHMUNGEN MIT IHREN FREUNDEN ERLAUBT SIND UND WELCHE NICHT. BEVOR IHR EURE KINDER ÜBER EURE ENTSCHEIDUNGEN INFORMIERT, BITTET GOTT UM EINSICHT UND URTEILSVERMÖGEN UND DARUM, DASS ER SOWOHL AN EUREN ALS AUCH AN DEN HERZEN EURER KINDER ARBEITET.

❑ Setze hier ein Häkchen, wenn du die heutige Herausforderung bewältigt hast.

Was habt ihr beschlossen? Sind euch im Gebet noch weitere Bereiche eingefallen, in denen ihr Grenzen setzen müsst? Wie haben eure Kinder reagiert?

Der Herr, der Allmächtige, wird Jerusalem wie ein Vogel mit seinen Flügeln verteidigen. Er wird sie beschirmen und erretten, verschonen und befreien. (Jesaja 31,5)

TAG 20

Die Liebe nimmt sich Zeit

Achtet sorgfältig darauf, wie ihr lebt;
handelt nicht unklug, sondern bemüht euch, weise zu sein.
Nutzt jede Gelegenheit … (Epheser 5,15-16)

Stell dir vor, du liegst auf deinem Sterbebett und blickst auf dein Leben zurück. Was hättest du gerne öfter getan? Wünschst du dir, du hättest mehr Zeit im Büro verbracht? Das Haus öfter geputzt? Mehr ferngesehen? Nein. Solche Dinge spielen dann keine Rolle mehr. Menschen bedauern oft am meisten, dass sie denen, die ihnen am wichtigsten waren, nicht mehr Liebe gezeigt haben. Irgendwie sind sie nie dazu gekommen.

Wenn du nicht aufpasst, werden dir all die zweitrangigen und im Grunde unwichtigen Dinge in deinem Leben viel Zeit stehlen – Zeit, die du sonst den Menschen widmen könntest, die du liebst. Nur ein paar Überstunden. Eine weitere Geschäftsreise. Die letzten Minuten des Fußballspiels auf dem anderen Kanal. Nur noch eine E-Mail, nur einen Blick in ein soziales Netzwerk oder in ein Video, das sich gerade verbreitet wie ein Lauffeuer. Sekunden später schaust du auf und fragst dich, wo die Stunden geblieben sind – und als Nächstes, wo die Jahre und deine Kinder geblieben sind.

Es ist nie genug Zeit für alles. Jede Sache braucht genau so viel Zeit, wie du ihr gibst. Irgendetwas bleibt immer auf der Strecke, aber wir müssen uns gut überlegen, was das sein darf – und was nicht.

All deine momentane Arbeit und die Opfer, die du bringst, führen dich dahin – darauf hoffst du –, dass du schließlich viel Freiheit hast und endlich Zeit mit den Menschen verbringen kannst, die du wirklich liebst. Eines Tages in der Zukunft kannst du das Hamsterrad endlich anhalten und euer Zusammensein genießen. Aber wie wäre es, all das jetzt schon zu tun? Mach dir bewusst, dass du die Zukunft nicht im Griff hast. Das Einzige, das du wirklich beeinflussen kannst, ist das Jetzt. Und ganz gleich worum es sich handelt – wenn dich etwas ständig von deiner Familie fernhält, kann es dann wirklich eine gute Sache sein? Denk daran, dass das „Gute" immer der Feind des „Besten" ist, das Gott für dich bereithält. Wir müssen uns für das Beste entscheiden, das heute innerhalb unserer Reichweite liegt.

Unsere Kinder machen normalerweise kein großes Aufsehen darum, wenn wir wieder einmal spät nach Hause kommen oder ihnen sagen, dass wir gerade einfach sehr viel zu tun haben. Sie warten still und leise ab, bis sie unsere Entschuldigungen irgendwann satt haben und ihre Aufmerksamkeit anderen Dingen zuwenden. Wir versprechen ihnen, dass wir es wiedergutmachen. Nächstes Wochenende vielleicht. Aber was wir ihnen damit unbewusst vermitteln, ist: „Ich muss mich gerade um Dinge kümmern, die wirklich wichtig sind. Und du bist nicht so wichtig. Geh doch bitte jemand anderem auf die Nerven."

Natürlich würden wir das nie *sagen*. Aber möglicherweise ist es das, was sie hören. Wir würden nie davonlaufen und unsere Kinder von einem Augenblick auf den anderen einfach im Stich lassen. Aber wir können sie auch ganz allmählich verlassen, fast unmerklich, Stück für Stück, Monat für Monat, bis sie schließlich als Schafe ohne Hirten dastehen.

Es liegt an uns, das zu verhindern und rechtzeitig die Notbremse zu ziehen. Denn die Liebe nimmt sich Zeit. Kostbare, unbezahlbare Zeit. Mit jeder Minute, die vorübergeht, verstreicht ein Teil unserer Lebenszeit. Die Zeit hält nie an und kommt nie zurück. Alles, was wir aus Liebe tun, erfordert

Zeit. Zeitverschwendung bedeutet Verschwendung unserer Lebenszeit und einer Gelegenheit, Liebe zu zeigen.

Die Bibel lässt keinen Zweifel daran, dass es für uns Eltern oberste Priorität haben muss, jeden Tag Zeit mit unseren Kindern zu verbringen. Das ist eine unserer wichtigsten Verantwortlichkeiten. Das größte und höchste Gebot Gottes lautet: „Ihr sollt den Herrn, euren Gott, von ganzem Herzen, von ganzer Seele und mit eurer ganzen Kraft lieben" (5. Mose 6,5). Aber schon in den nächsten beiden Versen heißt es, dass wir Eltern auch unseren Kindern beibringen müssen, Gott zu lieben – und zwar jeden Tag, während wir am Morgen mit ihnen zusammen sind und abends zur Schlafenszeit, wenn wir zu Hause zusammensitzen oder unterwegs sind. Diese vier wichtigen Zeiten zu nutzen ist Gottes Rezept, mit dem es uns gelingt, unsere Prioritäten richtig zu setzen. Unsere Kinder sind darauf angewiesen, dass wir uns jeden Tag Zeit für sie freikämpfen, denn nur so können wir ihnen Gott nahebringen und ihnen ein gutes Vorbild für ein gottgefälliges Leben sein.

Als Jesus bei Marta und Maria zu Besuch war, stellte er klar, was allzu geschäftige Menschen wirklich antreibt. Für Marta bedeutete die Ankunft von Jesus und seinen Jüngern, dass sie und ihre Schwester sich in aufwendige Vorbereitungen stürzen mussten, um ihre Gäste mit einem reichhaltigen Mahl zu beeindrucken. Maria jedoch setzte sich zu den Füßen Jesu nieder, genoss seine Gesellschaft und hing gebannt an seinen Lippen.

Da ging Marta zu Jesus und sagte: „Herr, ist es nicht ungerecht, dass meine Schwester hier sitzt, während ich die ganze Arbeit tue? Sag ihr, sie soll kommen und mir helfen." Doch Jesus erwiderte sanft: „Meine liebe Marta, du sorgst dich um so viele Kleinigkeiten! Im Grunde ist doch nur eines wirklich wichtig. Maria hat erkannt, was das ist – und ich werde es ihr nicht nehmen" (Lukas 10,40-42).

Diese Worte haben über die Zeit hinweg nichts von ihrer Gültigkeit verloren. Sie sind auch für unsere Ohren bestimmt: *Hör auf, dich um zweitrangige Dinge zu sorgen. Setze die richtigen Prioritäten. Liebe die Menschen, solange du es noch kannst. Schieb alles Unnötige beiseite.* Genau das ist es, was die Liebe tut. Wenn wir unsere Familie über die Geschäftigkeit der Welt stellen, entscheiden wir uns für das, was wirklich wichtig ist – wir wählen wie Maria das „gute Teil", das uns niemand nehmen kann (siehe Lukas 10,42; Elberfelder). Die Liebe fordert dich heraus, das kraftvolle Wort „nein" großzügig gegen Dinge einzusetzen, die dich davon abhalten wollen, Zeit mit den Menschen zu verbringen, die du liebst.

Natürlich müssen wir dabei ein gesundes Gleichgewicht bewahren. Wir sollten unsere Kinder nicht auf den Thron setzen. An erster Stelle steht Gott, an der zweiten unsere Ehe und an der dritten unsere Kinder. Auch Kinder müssen manchmal warten. Aber alles, was in dieser Rangfolge unter ihnen steht, müssen wir in unserem Herzen auf die hinteren Plätze verweisen – und diesen unwichtigeren Dingen auch nur den angemessenen Raum in unserem Tagesablauf geben. Wir müssen unsere Zeit mit den kostbaren kleinen Menschen, die Gott uns anvertraut hat, mit aller Kraft verteidigen.

Lass dich nicht von scheinbar dringenden, aber im Grunde unwichtigen Dingen tyrannisieren. Plane zuerst die Zeit, die du mit deiner Familie verbringen willst. Das wird dir dabei helfen, zu anderen Dingen Nein zu sagen. Sei während deiner Arbeitszeit mit vollem Einsatz bei der Sache, doch was nicht zu schaffen war, solltest du delegieren oder auf den nächsten Tag verschieben. Hör auf, Menschen gefallen zu wollen, die auf deiner Beerdigung keine Träne vergießen werden. Opfere das Gute für das Beste, damit du deinen Kindern jeden Tag deine Liebe zeigen kannst. Lass das dreckige Geschirr und die Hecke im Garten noch ein paar Minuten warten. Das alles läuft dir nicht weg. Du kannst dich immer noch darum kümmern, nachdem du ein bisschen zusätzliche Zeit mit deinen Kindern verbracht hast.

Wir können beeindruckende Erklärungen dazu abgeben, was uns im Leben am wichtigsten ist, aber die Tatsache, wie wir unsere Zeit verbringen, verkündet die Wahrheit lauter und deutlicher als alles andere.

DEINE HERAUSFORDERUNG FÜR HEUTE

LASS HEUTE DEN FERNSEHER UND DEN COMPUTER AUSGESCHALTET UND VERBRING STATTDESSEN EINE RICHTIG GUTE ZEIT MIT DEINEN KINDERN, IN DER SIE DEINE GANZE AUFMERKSAMKEIT HABEN. SPRICH MIT IHNEN, HÖR IHNEN ZU UND SPIEL MIT IHNEN.

❑ Setze hier ein Häkchen, wenn du die heutige Herausforderung bewältigt hast.

Was habt ihr heute gemacht? Wie hat das deiner Familie gefallen?

Siehe auch das Kapitel „10 revolutionäre Ideen, wie ihr als Familie mehr Zeit miteinander verbringen könnt" auf Seite 260 im Anhang.

Sie weiß genau, was in ihrem Haus vor sich geht …
(Sprüche 31,27)

TAG 21

Die Liebe ist fair

Denn Gott bevorzugt niemanden. (Römer 2,11)

Wird ein Kind bevorzugt, führt das fast immer zu Neid, Ärger und Eifersucht. Und häufig merkt das derjenige, der schuld daran ist, als Letzter. Aber ein Kind spürt es sofort, wenn ihm ein anderes vorgezogen wird, und ihm wird das Gefühl gegeben, weniger erwünscht, weniger begabt oder weniger angenommen zu sein.

Der Grund, warum wir die Reichen den Armen, die Schönen den Unattraktiven und die Starken den Schwachen vorziehen, liegt in unserem selbstsüchtigen menschlichen Wesen. Doch das entspricht nicht dem Wesen der Liebe. Deshalb hat Gott uns ganz deutlich gesagt, dass er niemanden bevorzugt (siehe Römer 2,11) und dass auch wir weder Partei ergreifen noch irgendjemanden begünstigen sollen (siehe 1. Timotheus 5,21).

Dieses Prinzip teilt uns Gott auch durch eindrucksvolle, wahre Geschichten der Bibel mit. Die Tatsache, dass sich die meisten dieser beunruhigenden Beispiele innerhalb der Familie abgespielt haben, sollte uns eine Warnung sein und uns ganz besonders darauf achten lassen, dass wir uns gegenüber unseren Söhnen und Töchtern dieses Vergehens nicht schuldig machen, nicht einmal in Gedanken.

Jakob wurde getäuscht und heiratete deshalb statt Rahel deren Schwester Lea, doch er hörte nie auf, ihr Rahel vorzuziehen. Das führte wiederholt zu Rivalität und verletzten Gefühlen (siehe 1. Mose 30,1-2). Rahels erstgeborenen Sohn Josef wiederum hatte Jakob lieber als alle seine anderen Söhne. Das hatte zur Folge, dass sie Pläne schmiedeten, ihren kleinen Bruder zu töten (siehe 1. Mose 37,18-20).

Purer Neid brachte den paranoiden König Saul zur Raserei und ließ ihn ein Mordkomplott gegen David schmieden, weil das Volk diesen als Nachfolger des Königs favorisierte. Eifersucht veranlasste die Jünger Jesu dazu, sich darüber zu streiten, wer von ihnen der Größte sei. Und wenn irgendetwas den Grund für den Hass beschreibt, den die Pharisäer auf Jesus hatten, dann war es ihr Neid auf seine Kraft und Autorität, durch die große Menschenmengen angelockt wurden, um ihn lehren und heilen zu sehen (siehe Matthäus 27,18).

Die Bibel warnt uns: „Zorn ist grausam und Wut ist wie eine Flut, aber wer kann sich vor der vernichtenden Gewalt der Eifersucht retten?" (Sprüche 27,4). Die Eifersucht aber kann sich fast unmerklich und auf gefährliche Weise in unsere Familien einschleichen. Dagegen müssen wir uns schützen, wenn wir unsere Kinder wirklich lieben. Eifersucht hält meistens auf diesen beiden Wegen Einzug in Familien:

1. *Eifersucht unter Geschwistern.* Natürlich würdest du deine Kinder nie absichtlich gegeneinander ausspielen, aber ihre Augen sehen alles, was du tust – bewusst oder unbewusst. Sie registrieren es genau, wenn du einem ihrer Geschwister mehr Zeit widmest als ihnen oder sie öfter zurechtweist als die anderen. Sie nehmen es zur Kenntnis, wenn du dich über eines von ihnen mehr freust als über sie. Und es ist gut möglich, dass sie nicht mit der Sprache herausrücken und du nicht einmal weißt, was in ihnen vorgeht. Doch Spuren dieser Entmutigung und geringeren Wertschätzung können in ihren Köpfen zurückbleiben, wenn du deine Liebe nicht klar ausgewogen verteilst. Dieses noch unbestimmte negative Gefühl könnte später zu offener Rebellion führen.

Natürlich werden bestimmte Phasen, Terminpläne oder Umstände es erfordern, dass du dich mehr auf die Bedürfnisse – oder auch das schlechte Verhalten – eines Kindes konzentrierst. Auch gibt es äußere Faktoren, die den Umgang mit unseren

Kindern beeinflussen. Ältere Kinder sind fast immer die Ersten, die Neues ausprobieren dürfen. Selbstbewusste und verantwortungsvolle Kinder ernten gewöhnlich schneller ein Lob. Und Kinder, die sich unterordnen, sind weniger anstrengend und es ist leichter, sie um sich zu haben als ein willensstarkes, trotziges Kind.

Doch in jeder Situation treibt uns die Liebe dazu, wirklich alles zu tun, um ihr unsicheres Herz zu behüten, ihre Stärken zu würdigen und unsere Worte klug zu wählen, damit jedes Unkraut der Eifersucht, das in ihnen Wurzeln schlagen will, sofort ausgerissen wird.

Um das zu erreichen, musst du sicherstellen, dass jedes ihrer kleinen Herzen deine Liebe zu ihnen hören, sehen und fühlen kann. Für jedes deiner Kinder ist es sehr wichtig, dass beide Elternteile sich regelmäßig Zeit nehmen, die ganz allein ihm gehört – Momente voller Zuneigung, und zwar eins zu eins. Wenn ihr das nicht tut, wird ihre Wahrnehmung letztendlich zu der Realität werden, die sie glauben.

2. Eifersucht zwischen Eltern. Sowohl die Mutter als auch der Vater haben ihre ganz eigene Persönlichkeit. Sie besitzen unterschiedliche Gaben und füllen unterschiedliche Rollen aus. Und Gott möchte jeden von uns auf seine Weise gebrauchen, um den Bedürfnissen unserer Kinder gerecht zu werden. Aber diese Teamarbeit ist nicht immer ausgeglichen. Wahrscheinlich wird einer von euch öfter der „Spaß-Elternteil" sein. Einer weist die Kinder vielleicht strenger zurecht als der andere. Der eine scheint eine geringere Verantwortung zu tragen als der andere. Das kann zu Ärger oder Eifersucht dem anderen gegenüber führen.

Erinnert euch daran: Die Liebe ist geduldig, freundlich und selbstlos. Sie feiert den Erfolg und sieht ihn nicht als Bedrohung an. Ihr solltet jedes Gefühl von Eifersucht und Neid sofort im Keim ersticken, indem ihr Gott immer wieder und ganz bewusst für die Eigenschaften eures Partners dankt, die ihn zu einem so guten Elternteil machen. Sagt ihm das auch persönlich. Wenn ihr zusammen betet, dankt Gott oft dafür, dass ihr als Partner an einem Strang zieht, um eure Kinder zu gesunden und verantwortungsvollen Erwachsenen zu erziehen. Wenn ein Kind dich deinem Partner vorzieht, hebe ihm gegenüber die guten Eigenschaften deines Partners hervor und trage so dazu bei, dass es ihn besser versteht und mehr schätzt.

Es gibt Situationen, in denen sich Eifersucht und Bevorzugung besonders leicht ausbreiten können. Dazu gehören Patchworkfamilien und geschiedene oder getrennt lebende Paare, die sich das Sorgerecht für ihre gemeinsamen Kinder teilen. Vielleicht lebst du gerade in einem solchen Spannungsfeld und weißt, dass es für Eifersuchtsprobleme nicht immer eine einfache Lösung gibt. Aber das bedeutet nicht, dass sich solche Situationen nicht vermeiden oder auf ein Minimum reduzieren lassen. Hier braucht es möglicherweise viel Geduld. Sprich immer positiv und niemals kritisch über Menschen, die nicht im Raum sind. Wenn du den Eindruck hast, dass ein Kind leidet, dann überschütte es so schnell du kannst mit Liebe, Liebe und noch mal Liebe. Versuche zu verhindern, dass sich aufgrund alter Wunden aktuelle Vorlieben ausbilden. Gib der Eifersucht nicht den allergeringsten Raum, in eurer Familie Fuß zu fassen.

Unsere Kinder werden sich immer schwertun, unsere Liebe anzunehmen, wenn sie den Eindruck haben, dass sie zweitklassig ist im Gegensatz zu der Liebe, die wir anderen schenken. Aber wenn wir unserer aufrichtigen Liebe oft und großzügig Ausdruck verleihen, kann es uns gelingen, das Feuer, das die Eifersucht entfachen will, sofort zu löschen. Halte deine Liebe zu jedem Kind in der Waage und schenk ihnen dadurch ein Herz voller Freude.

DEINE HERAUSFORDERUNG FÜR HEUTE

LEG DIR FÜR JEDES DEINER KINDER EINE EIGENE SCHACHTEL ODER EINEN ORDNER ZU. FANG DAMIT AN, DORT FOTOS, URKUNDEN UND ANDERE ERINNERUNGEN ZU SAMMELN. SIEH DIR DEN INHALT DER SCHACHTEL GELEGENTLICH ZUSAMMEN MIT IHNEN AN, UM IHNEN ZU ZEIGEN, WIE STOLZ DU AUF SIE UND IHRE ERRUNGENSCHAFTEN BIST, UND SAG IHNEN, DASS DU DARIN AUCH WEITERHIN ALLES SAMMELN WIRST, WAS FÜR SIE EINE BESONDERE BEDEUTUNG HAT.

❑ Setze hier ein Häkchen, wenn du die heutige Herausforderung bewältigt hast.

Was tust du, um sicherzustellen, dass du allen deinen Kindern dieselbe Bestätigung gibst? Was glaubst du, bedeutet ihnen das – jetzt und in der Zukunft?

Seid gleichgesinnt gegeneinander …
(Römer 12,16; Elberfelder)

TAG 22

Die Liebe achtet Autorität

Höre auf deinen Vater, der dir das Leben gab, und verachte deine Mutter nicht, wenn sie alt geworden ist. (Sprüche 23,22)

Es gibt kaum etwas, das uns an einem Kind mehr freut, als zu sehen, dass es Autorität respektiert. Dass es seinen Lehrern aufmerksam zuhört. Die Anweisungen seines Trainers befolgt. Älteren Personen gegenüber höflich ist. Und, vielleicht das Wichtigste von allem, dass es seinen Eltern liebevollen Respekt entgegenbringt und ihnen gehorsam ist.

In der Bibel finden wir ein wichtiges Gebot, das sich vor allem an Kinder richtet: „Ihr Kinder sollt euren Eltern gehorchen, weil ihr dem Herrn gehört, denn so handelt ihr richtig" (Epheser 6,1). Gott hilft ihnen nicht nur dabei, ihren Eltern Freude zu machen – er verheißt jenen, die ihre Eltern ehren, einen lebenslangen Lohn. Und die Aufgabe der Liebe besteht darin, deinen Kindern diese bedeutende Wahrheit begreiflich zu machen.

Von den zehn Geboten, mit denen Mose vom Berg Sinai herunterkam, hob Gott das fünfte – „Ihr sollt Vater und Mutter ehren …" – besonders hervor, indem er ihm den überaus klangvollen und motivierenden Zusatz folgen ließ: Dann „wird es dir gut gehen und du wirst ein langes Leben haben" (Epheser 6,2-3). Wenn Kinder die zentrale Bedeutung der von Gott bestimmten Autoritätsordnung erkennen, passiert etwas ganz Besonderes. Es trägt zu ihrem allgemeinen Wohlbefinden bei und legt den Grundstein dafür, dass ihre Eltern ihnen ein größeres Vertrauen entgegenbringen, ihnen mehr Freiheiten zugestehen und sie segnen. Darüber hinaus öffnet ihr Verhalten die Schleusen für den Segen Gottes in ihrem Leben.

Und genau das ist es, was sich die Liebe so unbedingt für sie wünscht. Nicht nur, um *uns* als Eltern das Leben einfacher zu machen, sondern auch damit unsere Kinder ihr ganzes Leben lang in der Gunst Gottes stehen.

Im Gegensatz dazu resultieren viele Tragödien im Leben junger Menschen aus der Rebellion gegen ihre Eltern. Ironischerweise sind die Menschen, die sich am meisten darüber beklagen, wie leidvoll und schwierig ihr Leben ist, oft auch diejenigen, die über die Jahre hinweg sämtliche Ratschläge ihrer Eltern in den Wind geschlagen haben. Sie wollten nicht hören und jetzt müssen sie mit den Konsequenzen leben.

Was deine Kinder zu Hause lernen, wird sie überallhin begleiten. Wenn du ihnen beibringst, respektvoll mit dir zu reden, dir ohne Widerworte zu gehorchen und alleine genauso konzentriert zu arbeiten wie unter deiner Aufsicht, rüstest du sie dafür aus, auch zukünftige Autoritäten in ihrem Leben zu achten und sich ihr Wohlwollen zu verdienen. Doch was noch wichtiger ist: Deine Erziehung bereitet sie darauf vor, schneller auf Gottes Reden zu reagieren und ihm zu gehorchen, wenn er ihnen seine wunderbaren Pläne offenbart.

Natürlich werden sie nicht alles perfekt machen. Ebenso wenig wie wir. Aber wir müssen ihnen helfen zu verstehen, dass Gott in seiner Vollkommenheit bewusst unvollkommene Autoritäten gebraucht, um seinen vollkommenen Willen auszuführen. Die Bibel sagt, alle Autorität kommt von ihm. Und ganz gleich ob es um die Familie geht, um Regierungsbeamte, Gemeindeleiter oder Arbeitgeber – unsere Autoritäten wurden eingesetzt, um Gottes Herrschaft über uns zu repräsentieren, die uns schützen und leiten soll (siehe Römer 13,1-4).

Vorausgesetzt, dass solche Autoritäten uns nicht zur Sünde auffordern, sollen wir Gott respektieren, indem wir sie und ihre Anweisungen respektieren. Vielleicht sind wir mit einer bestimmten Entscheidung nicht einverstanden und legen auf respektvolle Weise Einspruch dagegen ein, aber wir sollen uns in unserem Herzen nicht gegen sie auflehnen.

Gott schätzt Autorität so sehr, dass er sie die ganze Bibel hindurch immer wieder zum Teil seiner Lehre gemacht hat. Im Alten Testament bekamen die Kinder in Israel, die ihre Eltern verletzten oder verfluchten, dieselbe Strafe wie jene, die einen Mord begangen oder Gott gelästert hatten (siehe 2. Mose 21,15 und17).

Auch nachdem Christus auf die Erde gekommen war, wies Gott die Gläubigen an, sich gegenüber den Menschen in leitenden Positionen respektvoll zu verhalten und sich dadurch von anderen abzuheben – sogar dann, wenn diese Personen herzlos und grausam waren. Während die Welt über teilnahmslose Autoritätspersonen schimpft, sollen die Nachfolger Christi durch ihren anhaltenden Respekt einen Unterschied machen. Jesus sagte: „Wenn jemand von euch verlangt, eine Meile weit mit ihm zu gehen, dann geht zwei Meilen mit ihm" (Matthäus 5,41). Und in der Bibel heißt es außerdem: „Ihr, die ihr Sklaven seid, ordnet euch euren Herren unter. Tut, was sie euch sagen, und zwar nicht nur, wenn sie freundlich und vernünftig sind, sondern selbst dann, wenn sie ungerecht handeln" (1. Petrus 2,18). Gott sagt uns, wir sollen „für die Herrschenden und andere Menschen in führender Stellung beten" (siehe 1. Timotheus 2,1-2).

Respektiere sie. Achte sie. Diene ihnen. Bete für sie. Verhalte dich so auch denen gegenüber, die ihren Vorteil daraus schlagen, dass sie dir übergeordnet sind. Die Bereitschaft der Christen, mehr zu tun, als die Pflicht ihnen abverlangt, lenkt alle Aufmerksamkeit darauf, was die Kraft und die Liebe Christi in ihrem Herzen bewirkt haben.

Du solltest auch deinen Kindern zu Hause erklären, dass es klug ist, sich einer Autorität zu beugen. „Gehorcht den Leitern eurer Gemeinde und tut, was sie sagen“, heißt es in der Bibel, damit sie ihrer Verantwortung „mit Freude und ohne Sorgen“ nachkommen können (siehe Hebräer 13,17).

Stell dir folgende Frage: Würden deine Kinder deine Einstellung gegenüber Autoritätspersonen – so wie sie es an dir beobachten können – als *respektvoll* bezeichnen? Wie verhältst du dich, wenn dich ein Streifenpolizist anhält? Wenn du über die Regierungsspitze sprichst? Wenn du von deinem Chef erzählst? Wenn der Pastor eine Entscheidung trifft, die du nicht so ganz nachvollziehen kannst? Wenn du mit deinen eigenen Eltern zusammen bist und dich um Bedürfnisse kümmern musst, die ihr Alter mit sich bringt?

Wir müssen nicht nur auf unser Reden achten, sondern auch unser Herz prüfen. Bevor wir uns einer Autoritätsperson widersetzen, sollten wir uns bewusst machen, dass Gott diesen Menschen in diese uns übergeordnete Position gebracht hat, und wir sollten uns fragen: Beten wir für ihn? Sind wir um sein Wohlergehen besorgt? Um seine Seele? Wünschen wir uns, dass er das Licht Jesu in uns sehen kann? Wenn wir wollen, dass unsere Kinder den Segen ernten, der auf dem Respekt gegenüber unserer elterlichen Autorität liegt, dann ruft uns die Liebe dazu auf, ihnen ein gutes Vorbild zu sein und ihnen diesen Respekt vorzuleben.

DEINE HERAUSFORDERUNG FÜR HEUTE

DENK EINMAL ÜBER DEINE EINSTELLUNG GEGENÜBER DEN AUTORITÄTSPERSONEN IN DEINEM LEBEN NACH. WENN GOTT DIR SITUATIONEN INS GEDÄCHTNIS RUFT, IN DENEN DU DICH FALSCH VERHALTEN HAST, BEKENNE ES UND BITTE UM VERGEBUNG. SPRICH MIT DEINEN KINDERN DARÜBER, WIE WICHTIG ES IST, DASS SIE GOTT RESPEKTIEREN, INDEM SIE DIE AUTORITÄTSPERSONEN IN IHREM LEBEN RESPEKTIEREN.

❑ Setze hier ein Häkchen, wenn du die heutige Herausforderung bewältigt hast.

Was hat Gott dir offenbart? Und wie hast du darauf reagiert?

Gehorche der Regierung, unter der du lebst,
denn sie ist von Gott eingesetzt.
Alle Regierungen haben ihre Vollmacht von Gott. (Römer 13,1)

TAG 23

Die Liebe legt Fürbitte ein

... mein Haus soll von allen Völkern ein Gebetshaus genannt werden. (Jesaja 56,7)

Je älter Kinder werden, umso unvorhersehbarer wird ihr Leben. Die Wahrscheinlichkeit, dass sie einen Fehler machen oder enttäuscht werden, nimmt zu. Die Gefahr, dass sie an die falschen Menschen geraten, die ihnen ihre verdrehten Gedanken ins Ohr flüstern, wird größer. Und es kann immer öfter passieren, dass ihnen ihre eigenen Entscheidungen Probleme bereiten, weil sie sich im Nachhinein als falsch erweisen. Du kannst noch so klug und gewitzt sein – deine Kinder werden immer wieder in Situationen geraten und Überraschungen erleben, auf die du keinen Einfluss hast. Du kannst sie nicht immer beschützen und du kannst nicht alles kontrollieren, was in ihrem Leben passiert.

Die Liebe aber geht mit einer herausragenden Strategie in diesen Kampf und sie hat einen wasserdichten Plan B.

Nämlich das GEBET.

Gott versteht deine Kinder noch besser und liebt sie noch mehr als du. Er sieht deine Kinder, wenn du nicht in der Nähe bist. Er kann sie begleiten, über sie wachen und sie führen, wo du es nicht kannst. Und er lädt dich ein, deine Kinder und all deine Sorgen in seine liebenden Arme zu legen.

Sein Wort sagt uns:

„Schütte dein Herz vor ihm aus ...“ (Psalm 62,9).

„Bittet, und ihr werdet erhalten“ (Matthäus 7,7).

„Wenn ihr, die ihr Sünder seid, wisst, wie man seinen Kindern Gutes tut, wie viel mehr wird euer Vater im Himmel denen, die ihn darum bitten, Gutes tun" (Matthäus 7,11).

Was für ein herrlicher, gnädiger Gott er ist! Er lädt uns nicht nur ein, in seinen Thronsaal zu kommen; er erwartet von uns, dass wir beten. Immer und für alles (siehe 1. Thessalonicher 5,16-18)! Nichts hat mehr Kraft und nichts wirkt sich im Leben deiner Kinder besser aus, als auf die Knie zu gehen und aufrichtig für sie zu beten.

Doch du solltest nicht nur dann beten, wenn deine Kinder akut in Schwierigkeiten sind. Gebet ist viel mehr – es bietet dir die Möglichkeit, regelmäßig und über jeden Bereich ihres Lebens mit Gott zu reden. Von unseren Lippen sollten oft Gebete *für* sie, *mit* ihnen und *für ihr Umfeld* an Gottes Ohr dringen.

Gott ist nicht unser Diener, aber aus Liebe erlaubt er unseren Gebeten, ihn zu beeinflussen und Dinge zu verändern. Führ dir das vor Augen: Gebet kann alles bewirken, was Gott bewirken kann – so Gott will. Gebet ist kraft- und wirkungsvoll (siehe Jakobus 5,16).

Doch dafür müssen entscheidende Voraussetzungen gegeben sein. Die Bibel sagt uns: Damit unseren Gebeten nichts im Weg steht, müssen wir Gott kennen (siehe Johannes 14,6), nichts darf zwischen uns und Gott stehen (siehe Psalm 66,18), wir müssen mit anderen Menschen im Frieden sein (siehe Markus 11,25-26; 1. Petrus 3,7), die richtige Herzenshaltung haben in Demut und Glauben (siehe Jakobus 1,4-8; 4,6). Ist all das erfüllt, haben wir freien Zugang zu Gott, weil Jesus Christus uns durch das Opfer, das er am Kreuz für uns erbracht hat, mit Gott versöhnt hat. Nun können wir „zuversichtlich vor den Thron unseres gnädigen Gottes treten. Dort werden wir Barmherzigkeit empfangen und

Gnade finden, die uns helfen wird, wenn wir sie brauchen" (Hebräer 4,16).

Wenn wir unser Herz mit Gottes Herzen verbinden und unsere Gedanken und Wünsche im Gebet mit den seinen in Einklang bringen, können wir mehr Gutes für unsere Kinder bewirken, als wir hier auf der Erde je für sie tun könnten (siehe Johannes 15,7).

Im Gebet schenkt Gott uns mehr von seiner Weisheit und seinen Einblicken in das Leben unserer Kinder und ihre Bedürfnisse. Wir können ihn liebevoll darum bitten, dass er sie beschützt und für sie sorgt, sie gedeihen lässt und sie segnet, über sie wacht und sie führt. Mit unserer Fürbitte springen wir in die Bresche (siehe Hesekiel 22,30) und kämpfen gegen das Böse und die Versuchung an und bitten Gott, sie zu bewahren und ihnen Kraft zu geben. Im Gebet können wir an seiner Seite gegen die geistlichen Mächte kämpfen (siehe Epheser 6,10-18), die es darauf abgesehen haben, ihre Träume und ihre Zukunft zu zerstören (siehe Johannes 10,10).

Doch das Gebet schützt unsere Kinder nicht nur – es hat auch einen positiven Einfluss auf sie. Das regelmäßige Gebet in unserer Familie bringt sie Gott viel näher als alles, was wir ihnen sagen könnten, und lenkt ihre Aufmerksamkeit von ihren Problemen auf den Einen, der alle Antworten hat. Wenn du Gott dankst, erinnert sie das an seine Treue. Und wenn sie sehen, dass er deine Gebete erhört, können sie sein Wirken hautnah miterleben.

Wenn wir gemeinsam mit unseren Kindern beten, werden sie lernen, Gott zu respektieren. Gleichzeitig werden sie die Hoffnung und die Zuversicht gewinnen, dass er ihnen alles geben kann, was sie brauchen, um für ihn zu leben.

Wenn du nicht weißt, wofür du beten sollst, überleg dir einfach, was dir gerade Sorgen macht. Deine Sorgen sind nichts weiter als eine Last, die du noch aus eigener Kraft zu schultern versuchst und noch nicht komplett an Gott abgegeben hast (siehe Philipper 4,6-7).

„Deshalb beugt euch demütig unter die Hand Gottes, dann wird er euch ehren, wenn die Zeit dafür gekommen ist. Überlasst all eure Sorgen Gott, denn er sorgt sich um alles, was euch betrifft!" (1. Petrus 5,6-7).

Wenn du in der Bibel liest und dich ein Vers geradezu „anspringt", dann nimm ihn strategisch in dein Gebet für jedes deiner Kinder auf. Pass ihn auf ihre speziellen Bedürfnisse an. Auf konkretere Gebete erfolgt eine konkretere Antwort. Wenn du dir große Dinge wünschst, dann bete auch für große Dinge. Wirf den Ball in Gottes Spielfeld und warte ab, wie er darauf reagiert. Aber lass nicht zu, dass dir etwas fehlt und Dinge misslingen, nur weil du es versäumt hast zu beten und zu bitten (siehe Jakobus 4,2).

Das Gebet ist eine Sprache der Liebe. Das Beten sollte für uns genauso natürlich sein wie das Atmen. Mit derselben Regelmäßigkeit, mit der wir unsere Kinder zur Schule fahren oder sie fragen, wie ihr Tag war, können wir jedes Problem, das sich in ihrem Leben auftut, im Gebet vor Gott bringen.

Bring deinen Kindern also bei, klug und vorsichtig zu sein, aber vertraue sie gleichzeitig dem Einen an, der ihren Erfolg und ihre Sicherheit in seinen allmächtigen Händen hält (siehe Psalm 127,1-2). Durch deine Gebete wird deine Liebe ganz neue Dimensionen annehmen und dein Herz kann im Schatten des Allmächtigen Ruhe finden.

DEINE HERAUSFORDERUNG FÜR HEUTE

LIES DIE KAPITEL ZUM GEBET IM ANHANG AM ENDE DES BUCHS. SUCH DIR AUS DER LISTE „WIE DU FÜR DEINE KINDER BETEN KANNST" (SEITE 263) EINIGE PUNKTE AUS UND FANG AN, AUF DIESER GRUNDLAGE FÜR SIE ZU BETEN. NACHDEM DU IHRETWEGEN MIT GOTT GESPROCHEN HAST, TEILE DEINEN KINDERN MIT, WAS DU GERADE FÜR SIE BETEST.

❑ Setze hier ein Häkchen, wenn du die heutige Herausforderung bewältigt hast.

Für welche Bereiche im Leben deiner Kinder hat der Herr dich inspiriert zu beten?

Und wir dürfen zuversichtlich sein, dass er uns erhört,
wenn wir ihn um etwas bitten, das seinem Willen entspricht.
(1. Johannes 5,14)

TAG 24

Die Liebe vergibt

Wenn ihr denen vergebt, die euch Böses angetan haben, wird euer himmlischer Vater euch auch vergeben. (Matthäus 6,14)

Solange wir mit matschverdreckten Schuhen, Geschwisterrivalität und den verschiedenen kreativen Einsatzmöglichkeiten der Wohnzimmermöbel zu kämpfen haben, bieten sich uns Eltern jede Menge Möglichkeiten, uns in der schönen Kunst des Vergebens zu üben.

Doch das gelingt uns nur, wenn wir uns auf die Liebe besinnen. Ansonsten werden wir diese Gelegenheiten ganz anders nutzen: Wir demonstrieren vielleicht die Lautstärke unserer Stimme, erklären, dass wir demnächst den Märtyrertod sterben werden, oder zementieren den Schmerz, der uns zugefügt wurde, in unserer Erinnerung. Auf diese Weise werden unsere Kinder jedoch nicht erfahren, wie sich Vergebung anfühlt. Stattdessen werden wir bei ihnen den Eindruck hinterlassen, dass der Liebe an einem bestimmten Punkt die Luft ausgeht.

Wir konzentrieren uns zu oft darauf, für Gerechtigkeit zu sorgen. Wir fassen unsere Kinder zu hart an oder sperren sie in unserem Zorn ein wie in ein Gefängnis. Und obwohl es unsere Aufgabe ist ihnen beizubringen, dass ihr Tun Konsequenzen nach sich zieht, ist es genauso wichtig ihnen zu zeigen, dass „die Liebe viele Sünden zudeckt" (siehe 1. Petrus 4,8).

Wenn wir unsere Kinder zurechtweisen, geht es nicht nur darum, dass sie am Ende ihre Schuld eingestehen und versprechen, es nicht wieder zu tun. Im Anschluss sollten wir ihnen – mit einer Liebe, die sie aufbaut – in die Augen sehen und ihnen unsere Vergebung dafür aussprechen, dass sie unser Vertrauen missbraucht oder unsere Regeln gebrochen haben … und das sollten wir wieder und wieder tun. Was sie getan haben, hat uns traurig gemacht, aber natürlich lieben wir sie trotzdem und befreien sie deshalb: nicht von den Konsequenzen ihres Handelns – einer Strafe oder einem vorübergehenden Verlust eines Anrechts –, sondern von jedem unterschwelligen Zorn und allen Spannungen zwischen uns. Nach einem schmerzhaften Bruch machen wir den ersten Schritt, um unsere Beziehung wieder in Ordnung zu bringen.

Deshalb heißt es, die Liebe erträgt alles. Die Liebe erinnert uns an die Worte Jesu: „Gott segnet die Barmherzigen, denn sie werden Barmherzigkeit erfahren" und: „Gott segnet die, die sich um Frieden bemühen, denn sie werden Kinder Gottes genannt werden" (Matthäus 5,7 und 9). Der Tag, an dem wir aufhören zu vergeben, wird derselbe Tag sein, an dem wir Bitterkeit wie Gift in unser Herz eindringen lassen und die Beziehung zu unseren Kindern auf eine Abwärtsspirale schicken, die in anhaltendem Zorn und Isolation endet. Das weiß die Liebe. Sie weiß auch, dass bleibende Liebe und Unversöhnlichkeit im gleichen Herzen oder im gleichen Zuhause nicht lange nebeneinander bestehen können. Eins davon wird immer das andere verdrängen.

Die Liebe weiß, wie man sich eine dicke Rüstung zulegt, die nur schwer zu durchbohren ist, und sie schenkt uns die Weisheit, den Vergehen anderer mit Gnade entgegenzutreten. Sie setzt sich gern dafür ein, alle wieder an einen Tisch zu bringen. Und sie weiß, dass das Leben zu kurz ist, um zuzulassen, dass die Vergangenheit weiterhin unsere Beziehungen der Zukunft vergiftet.

Wenn sich jemand weigert zu vergeben, wird Bitterkeit in ihm wachsen und gedeihen, sein Herz wird verhärten und jedes zarte Gefühl der Zuneigung verkümmern. Deshalb erinnert uns die Liebe daran, unseren Ärger loszulassen, uns nach dem anderen auszustrecken und zerbrochene Beziehungen wiederherzustellen. Wir müssen unseren Kindern vergeben, so wie auch uns vergeben wird (siehe Epheser 4,32; Matthäus 18,21-22).

Aber das ist nicht der einzige Weg, wie unsere Vergebung einen tiefen Eindruck im Herzen unserer Kinder hinterlassen kann. Es wird ihnen – beispielsweise – nicht verborgen bleiben, wenn Mama und Papa nicht gut miteinander auskommen. Sie beobachten, wie ihr das Problem löst und wie das mit der Gnade in der Ehe funktioniert. Sie hören mit, wie du über Kollegen sprichst, über zerrüttete Familien in der Nachbarschaft und Menschen, die sich das Leben auf deine Kosten einfach machen. Sie lauschen den endlosen Geschichten von deiner furchtbaren Verwandtschaft und wer was wem angetan hat und warum du es tunlichst vermeidest, mit gewissen Exemplaren aus diesem Personenkreis zusammenzutreffen.

Deine Kinder beobachten und lernen. Und dabei werden sie entweder herausfinden, wie sie auf ihrem Standpunkt beharren und einen Grund finden, verbittert zu bleiben, oder aber wie sie anderen die liebevolle Gnade gewähren, die Gott uns gewährt, und auch ihre größten Schwierigkeiten überwinden, indem sie vergeben und Frieden stiften.

Was wäre, wenn deine Kinder sehen, dass du jeden Bruch in einer Beziehung mit beharrlicher Liebe zu kitten versuchst? Was wäre, wenn sie beobachten, dass du jeden eisigen Waffenstillstand zwischen dir und deinem Ehepartner beendest, indem du dich bei ihm entschuldigst oder dich mit Geduld und ehrlichem Mitgefühl nach ihm ausstreckst?

Du würdest ihnen ein lebendiges Beispiel dafür geben, wie kraftvoll die Liebe in Aktion ist. Sie könnten eines der größten Geheimnisse lebenslanger Freundschaften und starker Ehen kennenlernen. Und wenn du ihnen in die Augen siehst und sagst:

„Ich vergebe dir", würden sie wissen, dass du es auch so meinst. Selbst wenn ihr kindliches Fehlverhalten nochmals zur Sprache kommen sollte, dann würde es lediglich dem Zweck der Klärung dienen und keinen neuen Zündstoff für einen Streit liefern noch den alten Ärger wieder hochholen.

Ja, es fällt uns leicht zu vergeben, wenn der andere Reue zeigt (siehe Lukas 17,3). Das ist gut und gesund für alle Beteiligten und weckt die wunderbare Hoffnung, dass die Beziehung vollständig wiederhergestellt werden kann. Dennoch darf es für uns nicht entscheidend sein, was andere tun oder wie sie sich verhalten. Jesus sagte, unsere Vergebung muss bedingungslos sein (siehe Markus 11,25-26), wir dürfen nie damit aufhören (Matthäus18,21-22) und wir müssen wissen, dass unser geistliches Leben davon immer beeinflusst sein wird (siehe Matthäus 6,14-15). Wir können vergeben, weil wir wissen, dass Gott der wahre Richter ist, der alles Unrecht vergilt und Rache übt (siehe Römer 12,19), und dass jede Wurzel der Bitterkeit, die wir in unserem Herzen lassen, an uns nagt und uns nur verunreinigt und vergiftet (siehe Hebräer 12,15).

Vergebung ist nicht immer einfach und angenehm. Es kann sehr schwer sein, jemandem zu vergeben. Aber je öfter wir uns darin üben, umso leichter wird es uns fallen und umso schneller wird es zur Normalität für uns werden.

Wenn du deinen Kindern ihre Fehler verzeihst – die kleinen wie die großen –, gibst du ihnen damit ein wunderbares Leitbild, das sie eines Tages in hundert anderen Beziehungen weitergeben werden. Letztendlich beeinflusst du damit sogar das Leben deiner Enkelkinder, weil sie viel eher in der Gewissheit aufwachsen werden, dass es im Herzen ihrer Eltern und in ihrem Zuhause immer einen Platz für sie geben wird, egal was auch passiert – genauso wie deine Liebe es deinen eigenen Kindern bewiesen hat.

DEINE HERAUSFORDERUNG FÜR HEUTE

PRÜFE DEIN HERZ: TRÄGST DU DEINEN KINDERN (ODER IRGENDJEMAND ANDEREM) GEGENÜBER NOCH ÄRGER ODER UNVERSÖHNLICHKEIT IN DEINEM HERZEN? SCHREIB DIE NAMEN DIESER MENSCHEN AUF UND MACH EINE LISTE IHRER VERGEHEN. BETE FÜR SIE UND BITTE GOTT, DASS ER DIR DIE LIEBE UND DIE GNADE SCHENKT, IHNEN ZU VERGEBEN. STREICH DANN DIE VERGEHEN, DIE DU DIR AUFGESCHRIEBEN HAST, MIT EINEM DICKEN STIFT DURCH UND SAGE LAUT UND VON GANZEM HERZEN: „ICH ENTSCHEIDE MICH DAFÜR, DIR ZU VERGEBEN." WIRF DEN ZETTEL ANSCHLIESSEND ALS EIN ZEICHEN FÜR DEINE VERGEBUNG UND DEINE NEU GEWONNENE FREIHEIT WEG.

❑ Setze hier ein Häkchen, wenn du die heutige Herausforderung bewältigt hast.

Wie fühlst du dich jetzt, nachdem du dich dafür entschieden hast zu vergeben? Was hat Gott in deinem Herzen getan?

Wer ist dieser, der auch Sünden vergibt?
(Lukas 7,49; Elberfelder)

TAG 25

Die Liebe übernimmt Verantwortung

Wer seine Sünden verheimlicht, dem wird es nicht gut gehen. Aber wenn er sie bekennt und davon lässt, wird er Barmherzigkeit finden. (Sprüche 28,13)

Den meisten Eltern gelingt es, ihren Kindern beizubringen, wie man sich angemessen entschuldigt. Sie lernen, ihrer Mutter oder ihrem Bruder in die Augen zu sehen und zu sagen: „Ich hatte unrecht. Es tut mir leid.“ *Und es auch so zu meinen*.

Aber genauso wichtig ist es, dass wir Eltern diese Lektion gelernt haben, wenn *wir* im Unrecht sind. Eine seiner eindrucksvollsten Erfahrungen macht ein Kind, wenn seine Eltern sich bei ihm entschuldigen. Es stärkt das Band der gegenseitigen Achtung, wenn eine Mutter oder ein Vater auf sein Kind zugeht und sagt: „Ich fürchte, dass ich in dieser Sache einen Fehler gemacht habe, und ich muss mich bei dir entschuldigen. Vergibst du mir bitte?“ Vielleicht erscheint das manchen Eltern kontraproduktiv und sie fürchten, dadurch den Respekt ihrer Kinder zu verlieren. Doch sich entschuldigen zu können ist ganz wesentlich, um sich den Respekt der Kinder zu bewahren und die Grundlage dafür, dass er wachsen kann.

In einer bestimmten Entwicklungsphase nehmen Kinder unsere Fehler noch nicht wirklich wahr. Noch sind wir es, die tagtäglich ihre Realität definieren, und normalerweise stellen wir uns selbst in einem guten Licht dar. Wir sind ihre erste Anlaufstelle und das Allheilmittel für ihre Probleme. Sie neigen dazu, uns auf ein Podest zu heben und zu glauben, wir wären vollkommen und hätten alles im Griff.

Aber dann stolpern und fallen wir. Die Zeit offenbart unsere Menschlichkeit. Und unsere Kinder fangen an, die Nachbeben unserer Sündhaftigkeit und unserer Inkonsequenz zu spüren.

Manchmal zum Beispiel machen wir uns schuldig, weil wir nicht vorausgedacht haben. Wir nehmen uns für einen Tag mehr vor, als wir bewältigen können, und dann streichen wir genau den Programmpunkt, auf den sich unsere Kinder gefreut haben. Manchmal schenken wir ihnen nicht genug Aufmerksamkeit. Sie erzählen uns etwas, das ihnen sehr wichtig ist, aber wir hören nur mit halbem Ohr zu. Manchmal sind wir vergesslich oder faul. Selbstzentriert oder ärgerlich. Undankbar. Und wir sündigen.

Aber an diesem Punkt erinnert uns die Liebe daran, dass es keine perfekten Eltern gibt. Es gibt nur stolze und selbstgerechte Eltern, die ihre Augen vor der Wahrheit verschließen, und solche, die ehrlich und demütig sind und die Verantwortung für ihre Fehler übernehmen. Die Liebe fordert uns ganz nüchtern dazu auf, unseren Kindern in die Augen zu sehen und ihnen aufrichtig zu sagen, wie zerbrochen wir sind (ohne all die schmutzigen Details zu erwähnen). Von unseren falschen Wegen umzukehren. Dafür geradezustehen, was wir getan haben, und unseren Kurs zu korrigieren.

Warum ist das wichtig? Weil die Liebe Verletzungen heilt. Sie versteckt sich nicht hinter heuchlerischen Masken. Sie übernimmt bereitwillig Verantwortung. Sie „freut sich immer an der Wahrheit" (1. Korinther 13,6) und schätzt Ehrlichkeit als Charaktereigenschaft.

Alle Eltern sollten sich bewusst machen, dass sich im Herzen ihrer Kinder im Lauf der Zeit wahrscheinlich eine ganze Liste ihrer Vergehen sammelt. Situationen, in denen du sie ihrer Meinung nach ungerecht behandelt hast. Verletzende Worte. Gebrochene Versprechen. Zornesausbrüche. All die Male, wo du dich selbst nicht an das gehalten hast, was du immer gepredigt hast.

Je älter deine Kinder werden, umso nachteiliger kann sich diese Liste auf deine Erziehung auswirken. Der Teufel wird sie benutzen, um ihnen Anklagen gegen dich ins Ohr zu flüstern. Jeder Punkt kann zu einem Samen werden, aus dem noch mehr Zorn auf dich wächst. Der sie veranlasst, dich zurückzustoßen. Der jede Rebellion in ihren Augen rechtfertigt. Die Liebe jedoch „... lässt sich nicht reizen, und wenn man ihr Böses tut, trägt sie es nicht nach“ (1. Korinther 13,5). Deshalb musst du deinem Kind helfen, alle Punkte auf seiner Liste abhaken zu können und sie dann komplett zu vernichten.

Aber zuerst musst du herausfinden, was genau auf dieser Liste steht. Geh einfach auf deine Kinder zu und frage sie: „Bist du aus irgendeinem Grund ärgerlich auf mich? Habe ich dich verletzt und es nicht wieder in Ordnung gebracht? Habe ich dir etwas versprochen, das ich nicht gehalten habe? Habe ich in deinen Augen etwas falsch gemacht, über das wir nie gesprochen haben oder das für dich noch nicht erledigt ist?“

Und dann mach dich auf etwas gefasst. Du musst deinem Sohn oder deiner Tochter helfen, jeden Punkt auf ihrer Liste auszuräumen – entweder, indem du demütig eingestehst, dass du einen Fehler gemacht hast, oder indem du ihnen erklärst, warum du nur so und nicht anders handeln konntest. Bei manchen Dingen wird es sich in deinen Augen um unbedeutende Kleinigkeiten handeln, die sich leicht ausräumen lassen. Aber nimm sie alle ernst. Fang nicht an, über die Details mit ihnen zu streiten, sondern danke ihnen für ihre Offenheit und entschuldige dich dann von Herzen für jede Situation, die sie erwähnt haben, in der du ganz offensichtlich nicht richtig oder nicht wirklich liebevoll gehandelt hast.

Es dauert nur ein paar Sekunden, aufrichtig „es tut mir leid“ zu sagen und dein Kind zu bitten, dass es dir vergibt, aber dieser Schritt kann eure Herzen wieder ganz neu verbinden und eure Beziehung auf Jahre hin völlig verändern.

Seine Schuld einzugestehen erfordert *Mut*. Wer das tut, geht ein Problem frontal an. Wenn Eltern nicht lernen, die Wahrheit in solchen Situationen zu ihrem besten Freund zu machen, wird sie ihr schlimmster Feind werden. Wir müssen unseren Kindern helfen, absolut frei von Bitterkeit uns gegenüber zu sein, indem wir für die Gelegenheiten, wo wir ihnen unrecht getan haben, die Verantwortung übernehmen.

Als Zweites sollten wir unseren Bekenntnissen *Taten* folgen lassen. Unsere Kinder müssen sehen, dass unser Leben mit unseren Worten im Einklang steht – und das nicht nur, bis sich die Gemüter wieder beruhigt haben, sondern auf Dauer und in ständiger Abhängigkeit von Gott. Wir bekennen nicht nur unsere Schuld; wir ändern uns auch.

Und als Letztes sollten wir alle von ihnen erwähnten Situationen *aufklären*, in denen wir tatsächlich *nicht* im Unrecht waren. Wenn sie die Hintergründe und unsere Beweggründe verstehen, wird es ihnen leichter fallen, den Kummer und die Zweifel, die sie möglicherweise an uns hatten, über Bord zu werfen und sich nicht länger ungerecht behandelt zu fühlen.

Kluge Eltern passen die Erwartungen ihrer Kinder an die Realität an. Es schadet nie, wenn wir ihnen sagen: „Ich möchte dir wirklich eine gute Mutter oder ein guter Vater sein, aber ich mache viele Fehler. Ich brauche jeden Tag Gottes Vergebung und genauso brauche ich deine Vergebung jeden Tag. Wenn du das Gefühl hast, dass ich dir auf irgendeine Weise Unrecht getan habe, kommt bitte sofort damit zu mir und lass uns darüber sprechen."

Wenn unsere Kinder lernen, uns gegenüber barmherzig zu sein, dann werden sie sich das auch anderen gegenüber angewöhnen. So erfahren sie aus erster Hand, wie sie damit umgehen können, wenn es in engen Beziehungen zu Spannungen kommt. Das bewirkt Vergebung: ein besseres Zuhause.

DEINE HERAUSFORDERUNG FÜR HEUTE

BITTE GOTT DIR DABEI ZU HELFEN, DASS DU DEINEN KINDERN EINE LIEBE VORLEBEN KANNST, DIE AUCH VERANTWORTUNG ÜBERNIMMT. NIMM DIR DIE FRAGEN AUS DIESEM KAPITEL ZU HILFE UND SPRICH MIT JEDEM DEINER KINDER EINZELN: FRAGE SIE, OB DU SIE AUF IRGENDEINE WEISE VERLETZT ODER IHNEN UNRECHT GETAN HAST. HÖRE IHNEN AUFMERKSAM ZU, ENTSCHULDIGE DICH DEMÜTIG FÜR ALLES, WAS DU FALSCH GEMACHT HAST, UND KLÄRE DIE PUNKTE MIT IHNEN, WO SIE DICH MÖGLICHERWEISE MISSVERSTANDEN HABEN. BITTE SIE, DIR ZU VERGEBEN UND DANKE IHNEN FÜR IHRE EHRLICHKEIT UND IHRE BARMHERZIGKEIT.

❑ Setze hier ein Häkchen, wenn du die heutige Herausforderung bewältigt hast.

Wie sind die Gespräche mit deinen Kindern verlaufen? Haben sie etwas zur Sprache gebracht, das dich überrascht hat? Wie hast du darauf reagiert? Wie haben deine Kinder reagiert?

Doch endlich gestand ich dir meine Sünde und gab es auf,
sie zu verbergen. (Psalm 32,5)

TAG 26

Die Liebe ist eine Person: Jesus Christus

Gottes Liebe zu uns zeigt sich darin, dass er seinen einzigen Sohn in die Welt sandte, damit wir durch ihn das ewige Leben haben. (1. Johannes 4,9)

Es gibt sehr vieles, was wir aus Liebe für unsere Kinder tun. Doch nichts davon ist wichtiger, als sie hinzuführen zu einer echten und lebendigen Beziehung mit Gott. *Nichts!* Wir können nicht behaupten, ihnen alles gegeben zu haben, was wir können, bis wir ihnen von der größten Liebe erzählt haben, die es auf dieser Welt gibt, und ihnen gezeigt haben, wie Jesus Christus ihnen wahren Frieden mit Gott geben kann.

Vielleicht bist du irgendwie zu diesem Buch gekommen und hast Gott aber noch nie persönlich kennengelernt. Vielleicht hast du ihm dein Leben noch nicht anvertraut und das Opfer, das Christus am Kreuz aus Liebe zu dir gebracht hat, noch nicht angenommen. Vielleicht hast du noch keine Vergebung gefunden.

Dann ist es kein Zufall, dass du dieses Buch liest.

In der Liebe zu unseren Kindern ist der tiefe Wunsch verwurzelt, selbst zu begreifen, worauf es im Leben wirklich ankommt, und ihnen genau das zu vermitteln. Denn selbst wenn uns alles andere genommen wird – das eine, das Wichtigste, wird uns immer bleiben: Gott hat uns und unsere Kinder mit einer bestimmten, ewigen Absicht erschaffen. Wir sollen *seine* Kinder werden und seine Liebe erfahren, wir sollen ihn mit unserem Leben ehren und die Ewigkeit mit ihm verbringen (siehe Johannes 3,16).

Deshalb kam auch der Sohn Gottes als neugeborenes Baby auf die Erde. Er wurde „geboren von einer Frau und dem Gesetz unterstellt. Gott sandte ihn, um uns aus der Gefangenschaft des Gesetzes freizukaufen und als seine Kinder anzunehmen" (Galater 4,4-5), denn: „Nur so konnte er die befreien, die ihr Leben lang Sklaven ihrer Angst vor dem Tod waren" (Hebräer 2,15).

Sicher hast du bereits Erfahrungen damit, dich als Sklave der Sünde und der Angst vor dem Tod zu fühlen. Wir alle wissen, dass wir nicht vollkommen sind. Wir haben nicht alle Antworten. Wir wissen, dass wir eines Tages sterben werden. Gott allein weiß, was uns jenseits des Grabes erwartet, und er sagt uns, dass wir alle eines Tages vor seinem Richterstuhl stehen werden und uns vor ihm dafür verantworten müssen, was wir auf der Erde getan haben (siehe Römer 14,10-12).

In der Bibel heißt es: „Bis jetzt hat Gott über die Unwissenheit der Menschen hinweggesehen, doch nun gebietet er den Menschen auf der ganzen Welt, sich von den Götzen abzukehren und sich ihm zuzuwenden. Denn er hat einen Tag festgesetzt, an dem er die Welt gerecht richten wird …" (Apostelgeschichte 17,30-31).

Doch das muss dich nicht beunruhigen. Tatsache ist, dass du und deine Kinder von Schuld, Angst, Hoffnungslosigkeit und Scham befreit sein könnt – euer ganzes Leben lang und darüber hinaus in der Ewigkeit. Du verwendest viel Anstrengung und Mühe darauf, deine Kinder zu der Person zu machen, die du im Sinn hast. Aber du kannst nur von außen auf sie einwirken. Gottes Liebe und Kraft hingegen wirken im Inneren der Menschen und können sie segnen, verändern und stärken.

Warum können wir uns all dessen so sicher sein? Der Grund ist, dass vor mehr als zweitausend Jahren ein Mann namens

Jesus von Nazareth, Gottes Sohn, als vollkommener Mensch auf diese Erde kam und bereitwillig sein Blut für uns vergossen hat. Seine Geburt war einzigartig. Durch sein Leben wurden Hunderte von Prophetien erfüllt. Seine Lehre offenbarte die ewige Wahrheit. Seine Liebe war unübertroffen und die Erlösung, die er durch seinen Opfertod an einem römischen Kreuz erwirkt hat, ist vollkommen und vollständig. Er nahm die Strafe auf sich, die wir verdient haben, und bezahlte den Preis für unsere Schuld, die wir bei unserem heiligen Gott niemals hätten begleichen können.

Christus hat uns mit Gott versöhnt und jetzt lädt Gott uns und unsere Kinder ein, uns von unseren Sünden abzuwenden, uns auf den Namen Jesus zu berufen und unser Vertrauen auf ihn zu setzen (siehe Römer 10,13). Gott lädt uns ein, mit unserem Mund zu bekennen, dass Jesus der Herr ist, und in unserem Herzen zu glauben, dass Gott ihn von den Toten auferweckt hat (siehe Römer 10,9). Wenn du ihm dein Herz öffnest, gibt er dir ein Versprechen, das ebenso simpel wie tiefgründig und verlässlich ist: „Du wirst gerettet werden." Und dieses Versprechen geht einher mit einer Verheißung für unser ganzes Leben: „Wer ihm vertraut, wird nicht enttäuscht werden" (Römer 10,11; *Neue evangelistische Übersetzung)*. Jesus schenkt dir unverdiente Vergebung. Wahren Frieden und Hoffnung. Eine Beziehung mit Gott und ewiges Leben, von jetzt an bis über den Tod und das Grab hinaus.

So sehr liebt Gott dich.

So sehr liebt er deine Kinder.

Du musst nicht alles verstehen, was Gott betrifft, um dich nach ihm auszustrecken und ihm zu vertrauen. Du musst nicht alles wissen, um deinen Kindern von seiner Liebe zu erzählen. Der Herr hat sie bereits geliebt, „bevor er die Welt erschuf"

(Epheser 1,4), und in seiner Liebe lädt er dich dazu ein, sie zusammen mit ihm auf jedem Schritt ihres Weges zu begleiten.

Kinder sollten nie dazu gedrängt werden, eine geistliche Entscheidung zu treffen, bevor sie dazu bereit sind. Wenn sie unter Druck gesetzt werden, ist die Wahrscheinlichkeit groß, dass sie ihre Entscheidung später bereuen und nicht danach leben. Deshalb sollten Eltern sich darauf konzentrieren, ihnen Gottes Liebe zu zeigen, für ihre Erlösung zu beten und geduldig Samen der Wahrheit über Jesus in ihr Herz zu legen. Wenn die richtige Zeit dafür gekommen ist, wird Gott ihnen helfen zu erkennen, dass sie unvollkommene Sünder sind und seine Vergebung brauchen.

Wenn Gott das Herz deiner Kinder bewegt, wird er sie auch offen dafür machen, was du ihnen sagst, und dir das Vorrecht geben, ihnen zu zeigen, wie sie sich Gott zuwenden und ihr Herz in seine Hände legen können. In diesem Augenblick wird er seinen Geist in ihren Geist hineinlegen. Eine größere Freude kannst du kaum erleben und es ist eine der höchsten Prioritäten für euch als Eltern.

Wenn sie ihr Vertrauen in Gott setzen und anfangen, im Glauben zu wachsen, kannst du dich regelmäßig mit ihnen zusammensetzen und ihnen zeigen, wie Jesus jeden Aspekt ihres Daseins segnen kann, wenn sie mit ihm leben. Und während er weiterhin an ihrem Herzen arbeitet, wird er sie führen, sie mit seiner Kraft und Freude erfüllen und sie wiederherstellen, damit sie ein erfülltes und bedeutungsvolles Leben haben.

Mehr als alles andere braucht ihr Herz Jesus. Hilf ihnen dabei, ihn kennenzulernen und ihm jeden Tag nachzufolgen, indem du sie täglich liebevoll darin bestärkst und dafür betest.

DEINE HERAUSFORDERUNG FÜR HEUTE

STELL DIR SELBST DIE FRAGE, OB DU DICH CHRISTUS ALS DEINEM RETTER UND HERRN WIRKLICH ANVERTRAUT HAST. WENN DEINE ANTWORT JA LAUTET, NIMM DIR EIN WENIG ZEIT, IHM FÜR SEIN UNBEZAHLBARES GESCHENK ZU DANKEN. LAUTET DEINE ANTWORT NEIN, DANN KANNST DU DIESE FRAGE HEUTE KLÄREN, INDEM DU DICH VON DEINER SÜNDE ABWENDEST UND IHN UM SEINE VERGEBUNG UND ERLÖSUNG BITTEST. SPRICH ANSCHLIESSEND MIT DEINEN KINDERN ÜBER DIESE WAHRHEIT UND ERZÄHLE IHNEN, WIE DU ZU JESUS GEFUNDEN HAST.

❑ Setze hier ein Häkchen, wenn du die heutige Herausforderung bewältigt hast.

Wo stehst du gerade im Hinblick auf deinen Glauben? Wo stehen deine Kinder? Hast du dir je die Zeit genommen, deinen Kindern alles darüber zu erzählen, wie du zum Glauben gekommen bist? Wenn du dir nicht sicher bist, ob du wirklich gerettet bist, lies den 1. Johannesbrief ziemlich am Ende deiner Bibel, um dir darüber klar zu werden.

Im Kapitel „Wie finde ich Frieden mit Gott?“ auf Seite 271 im Anhang dieses Buchs findest du noch weitere Tipps, wie du Gottes Erlösung besser verstehen, sie persönlich erfahren und deinen Kindern davon erzählen kannst.

Timotheus, mein lieber Sohn, werde stark durch die Gnade, die Gott dir in Christus Jesus schenkt. (2. Timotheus 2,1)

TAG 27

Die Liebe findet Erfüllung in Gott

Denn er versorgt die Durstigen und gibt den Hungrigen reichlich zu essen. (Psalm 107,9)

Gott hat uns unsere Kinder nicht geschenkt, damit wir uns in ihnen verlieren und sie zu der Quelle machen, aus der wir unsere Identität und unseren Wert beziehen. Ebenso wenig aber liegt es in seiner Absicht, dass wir sie anderen unterschieben, weil wir woanders nach Erfüllung suchen.

Gott selbst möchte die wichtigste Quelle unserer Zufriedenheit sein. Die Leere, die unsere Selbstsucht in uns gefallenen Menschen hinterlässt, kann mit nichts anderem gefüllt werden als nur mit ihm.

Viele Menschen glauben, wenn sie doch nur mehr Geld, Vergnügen oder Macht hätten, wären sie glücklich. König Salomo besaß all diese Dinge in Hülle und Fülle, doch er stellte immer wieder fest, dass das alles in Wirklichkeit sinnlos war und „so unnütz wie der Versuch, den Wind einzufangen" (siehe Prediger 2,1-25). Da er wusste, dass alles Gute aus Gottes Hand kommt, kam er zu dem Schluss: „Denn wie kann man sich am Essen oder Trinken freuen ohne sein Zutun?" (Vers 25).

Und doch führen wir es, wenn wir unglücklich sind, oft darauf zurück, dass einer unserer Wünsche unerfüllt geblieben ist. Wir sind uns nicht darüber im Klaren, dass Gott auf dieser Erde nichts erschaffen hat, das uns mehr zufriedenstellen kann als er – unsere Kinder eingeschlossen. Er hat unsere Sehnsüchte in uns hineingelegt, damit wir ihn suchen und von seinen himmlischen

Gaben erfüllt werden (siehe Philipper 4,19). Wahre und andauernde Liebe, Freude und Frieden finden wir nur, wenn wir eng mit ihm verbunden sind (siehe Galater 5,22).

Die Bibel warnt uns: Wir werden auf dieser Welt keine Erfüllung finden – und wenn wir sie dort suchen, werden wir auch Gott nicht finden. Suchen wir unsere Zufriedenheit jedoch in Gott, werden wir nicht nur *ihn* finden, sondern er wird obendrein dafür sorgen, dass du glücklich bist. Der Psalmist sagte: „Freu dich am Herrn, und er wird dir geben, was dein Herz wünscht" (Psalm 37,4). Wenn du es zu deiner obersten Priorität machst, ihn zu suchen und zu lieben, verspricht er, dir genau das zu geben, was du wirklich brauchst und dir wünschst.

Eltern, die ihre Beziehung mit Gott in vollen Zügen genießen, sind für jeden in eurem Zuhause ein Gewinn. Wenn du Gott das Ruder überlässt und ihm erlaubst, dir seine Liebe, neuen Sinn und ein ruhiges Gewissen zu schenken, wird die Freude, die in dir aufsteigt, bald auch auf die anderen Mitglieder deiner Familie überspringen.

Deshalb war es auch nicht gefühllos, als Jesus sagte: „… wer seinen Sohn oder seine Tochter mehr liebt als mich, der ist es nicht wert, zu mir zu gehören" (Matthäus 10,37). So sehr diese Aussage unserer Intuition auch widersprechen mag – deine Kinder sollten in der Hackordnung des Lebens wirklich nicht an erster Stelle stehen, ebenso wenig wie dein Ehepartner oder du selbst.

Eine der größten Herausforderungen für die elterliche Liebe besteht darin, dein ganzes Feuer und deine Leidenschaft in deine Gemeinschaft mit Gott einzubringen und dann zu beobachten, wie er das, was deine Liebe im Leben deiner Kinder bewirken kann, verstärkt und vervielfacht – viel mehr, als du es jemals selbst tun könntest. Wenn du Gott zuerst liebst, wird dir das die Fähigkeit verleihen, deine Kinder noch mehr zu lieben.

Deshalb gilt der Grundsatz: *Ein Leben in der Gemeinschaft mit Gott, die alle deine Bedürfnisse stillt, ist wirklich das Geheimnis einer kraftvollen Erziehung.*

Das bedeutet nicht, dass dir die Bedürfnisse deiner Kinder gleichgültig werden. Wenn du aber täglich im Gebet mit Gott in Verbindung bleibst und seine Weisheit und Kraft suchst, wird er eine Sensibilität in dir entwickeln, die dich ihre wichtigsten Bedürfnisse erkennen lässt.

Sein Heiliger Geist wird unablässig Gottes Liebe in dein Herz ausschütten (siehe Römer 5,1-5). Er schenkt dir auch in ungewissen Lebensumständen einen Frieden, der dich aufrechterhält, wenn deiner Willenskraft die Luft ausgehen würde. Er legt eine Freude in dich hinein, die jede Situation durchdringt, ganz gleich wie schwierig sie ist.

So schön ist es, völlige Zufriedenheit in Gott zu finden. Unsere Umstände werden unwichtig, weil er und seine Verheißungen sich nie verändern. Deine Kinder werden also nicht zu kurz kommen, wenn du dich ihm zur Verfügung stellst, damit er dich erfüllt und gebraucht. Ganz im Gegenteil – was sie von dir empfangen, ist direkt aus Gottes Herz durch dich hindurch an sie weitergegeben worden.

Es gibt Zeiten im Leben, in denen deine Kinder vielleicht weniger von dir brauchen, als du ihnen gibst. Möglicherweise tust du aus Angst oder aus dem ungesunden Wunsch heraus, dir Geltung zu verschaffen, zu viel für sie. Zu anderen Zeiten brauchen sie vielleicht mehr von dir, als du ihnen geben kannst. Aber wenn du mit Gott verbunden bist, wird dich sein Heiliger Geist immer darauf vorbereiten, deinen Kindern so zu dienen, wie es für sie am besten ist. Gottes Wort, seine Weisheit und Geduld werden aus dir sprechen, weil du ihm erlaubst, dich täglich neu damit zu füllen.

Jakobs Frau Lea (siehe 1. Mose 29,30-35) dient als Beispiel für einen Menschen, der erwartete, Zufriedenheit in seiner Familie zu finden. Weil ihr Ehemann sie nicht liebte, hoffte sie, dass die gemeinsamen Kinder ihr Zugang zu seinem Herzen verschaffen würden. Sie gebar ihm drei Söhne und gab jedem von ihnen einen Namen, der ihrer Sehnsucht nach Sicherheit und Geborgenheit Ausdruck verlieh. Aber schließlich stellte sie fest, dass kein Mensch in der Lage war, ihre tiefsten emotionalen und geistlichen Bedürfnisse zu stillen. Als dann ihr vierter Sohn geboren wurde, sagte sie schlicht: „Nun will ich den Herrn preisen!“ (Vers 35). Sie beendete ihre Suche, wo unsere beginnen sollte: in der Liebe zu Gott.

Wir sollten Gott unser Herz ausschütten, wenn wir unerfüllte Bedürfnisse mit uns herumtragen. Und weil sein unendlicher Überfluss den Hunger und Durst aller Geschöpfe stillt (siehe Psalm 145,16), brauchen wir uns keinen Moment darum zu sorgen, dass uns seine Gaben nicht genug sein könnten.

„Du wirst mir den Weg zum Leben zeigen und mir die Freude deiner Gegenwart schenken“, schrieb König David in seinem Lobpreis für Gott. „Aus deiner Hand kommt mir ewiges Glück“ (Psalm 16,11). Du kannst Gott als deine tägliche Quelle genießen. Für alles, was du brauchst.

DEINE HERAUSFORDERUNG FÜR HEUTE

LIES DIE WORTE JESU IN MATTHÄUS 11,28-30.
VERBRINGE ZEIT MIT GOTT UND FRAGE IHN,
WIE DU JEDEN TAG RUHE IN IHM FINDEN KANNST.
ÖFFNE IHM DEIN HERZ UND BITTE IHN,
DICH MIT SEINER LIEBE ZU FÜLLEN. BITTE IHN AUCH
UM SEINE HILFE, DAMIT DU DEIN HERZENSGLÜCK
IN EINER ENGEREN BEZIEHUNG MIT IHM FINDEN KANNST.
DANKE IHM FÜR SEINE GÜTE UND SEINE VERSORGUNG
IN DEINEM LEBEN. GENIESSE DIE ZEIT, IN DER DU DICH
AUSSCHLIESSLICH MIT IHM BESCHÄFTIGST.
UND DANN LASS DEINE KINDER SEHEN,
WELCHEN UNTERSCHIED DAS HEUTE IN DIR BEWIRKT.

❑ Setze hier ein Häkchen, wenn du
die heutige Herausforderung bewältigt hast.

Was in deinem Leben und an deiner Einstellung müsstest du ändern, um mehr von deinen Bedürfnissen allein von Gott erfüllen zu lassen? Was hat Gott dir offenbart? Inwiefern werden davon auch deine Kinder profitieren?

Auf Gott allein vertraue ich fest,
denn von ihm kommt meine Rettung. (Psalm 62,2)

TAG 28

Die Liebe ist Gottes Wort

Wir wollen diese Wahrheiten unseren Kindern nicht vorenthalten, sondern der nächsten Generation von den wunderbaren Taten des Herrn erzählen … (Psalm 78,4)

„Meine Verehrung für die Bibel ist unendlich groß", sagte John Quincy Adams, der sechste Präsident der Vereinigten Staaten, „und je früher meine Kinder beginnen, sie zu lesen, umso größer wird meine Hoffnung sein, dass sie sich als geschätzte Bürger ihres Landes und respektable Mitglieder der Gesellschaft erweisen werden."

Das sollten alle Eltern entdecken. Kinder, die die Wahrheiten der Bibel hören, sie lesen und in ihrem Kopf und Herzen bewahren, sind weit besser auf das Leben vorbereitet. Sie kennen Gottes Rat für die verschiedenen Themen des Lebens – von Ehrlichkeit und Fairness über unsere Gesundheit bis hin zum Umgang mit unseren Finanzen. Von unserer Arbeitsethik bis hin zu dienender Leiterschaft. Sie haben eine größere Einsicht, auf welchen Ecksteinen sich großartige Ehen, Familien, Unternehmen, Regierungen und Gesellschaften aufbauen lassen. Sie eignen sich ein großes Wissen über den Glauben, das Wesen Gottes und die Bedeutung von Geschichte und Ewigkeit an. Und was am wichtigsten ist: Sie hören die Stimme Gottes und sie wird ihnen im Lauf der Zeit immer vertrauter. All das – und noch viel mehr – kann passieren, wenn unsere Kinder sich die Zeit nehmen, regelmäßig in der Bibel zu lesen.

Für diesen wichtigen Teil der Erziehung müssen ihre Eltern weder Genies in geistlichen Dingen sein noch brauchen sie einen theologischen Hochschulabschluss. Am Anfang stehen schlicht Eltern, die ihre Kinder sowie Gott und sein Wort lieben und bereit sind, in ihnen einen Hunger auf das geistliche Festmahl zu wecken, das in der Bibel auf sie wartet.

Viel zu viele Eltern glauben, sie bräuchten zuerst einen ausgeklügelten Plan, bevor sie in Anwesenheit ihrer Kinder eine Bibel aufschlagen können. Aber Christen sind nie auf sich allein gestellt, wenn es darum geht, die wirklich wichtigen Themen der Bibel zu verstehen. Wenn du Christus kennst, hast du den Heiligen Geist in deinem Herzen, der dir die Wahrheit offenbart. „Sein Geist weiß alles und schenkt uns einen Blick selbst in die tiefsten Geheimnisse Gottes" (1. Korinther 2,10). Er lässt sein Licht leuchten, damit du die Bibel lesen, verstehen, nach ihr leben und mit anderen darüber sprechen kannst.

Gott liebt deine Kinder grenzenlos und er wird seiner Verantwortung nachkommen und durch sein Wort zu ihnen sprechen, wenn du nur dafür sorgst, dass sie es in eurer Kirche oder Gemeinde und in eurem Zuhause regelmäßig hören. Um deinen Kindern Gottes Wort nahezubringen, braucht es nicht Ausbildung und Wissen, sondern Bereitschaft und Liebe.

An diesem Punkt solltest du anfangen. Und mach es nicht unnötig kompliziert. Fang einfach in 1. Mose, im Buch der Sprüche oder im Matthäusevangelium an und lies deiner Familie am Morgen, bei einer gemeinsamen Mahlzeit oder am Abend vor dem Schlafengehen ein Kapitel daraus vor.

Dafür gibt es keine starren Regeln. Das Wort Gottes wird seine Arbeit tun, denn es „ist lebendig und wirksam" und „schärfer als das schärfste Schwert" (Hebräer 4,12). Wenn ihr darin lest, dann darüber sprecht und dafür betet, werden deine Kinder geistlich wachsen … und das sehr schnell.

Vielleicht ist das für dich eine radikale oder gar revolutionäre Vorstellung. Vielleicht ist dein Tagesplan so dicht gedrängt, dass es dir unmöglich erscheint, diese zusätzliche Zeit zu erübrigen.

Aber wir fordern dich heraus, dich den vielen Tausend Familien anzuschließen, aus deren Gewohnheit, gemeinsam in der Bibel zu lesen, die eindrucksvollsten Augenblicke ihrer ganzen Woche geworden sind. Dadurch kannst du ein bleibendes, unvergessliches Vermächtnis im Leben deiner Kinder hinterlassen. Wenn ihr euch dafür entscheidet, Gottes Wort in eurem Herzen und eurem Haus hochzuhalten, wird dort auch Gottes Gegenwart und Kraft sichtbar.

Diese Aufgabe ist nicht zu schwer für dich. Tatsächlich bist du wie niemand sonst auf der Welt qualifiziert und in der Lage, deinen Kindern Tag für Tag diese geistliche Schatztruhe zu öffnen. Deine Bibel in ihrem Beisein aufzuschlagen ist so, als ob du einen Liebesbrief und eine Schatzkarte entfalten würdest. Auf jeder Seite lesen wir von der Liebe Gottes und von seinen zeitlosen Wundern und Wegen und wenn wir als ganze Familie auf Entdeckungsreise gehen, werden wir viel Neues finden und reich belohnt werden.

Die Erzählungen der Bibel werden deinen Kindern die moralischen Werte von Mose, den Glauben Abrahams, die Weisheit Salomos, die Leidenschaft König Davids und die Lehre und Liebe Jesu Christi vor Augen führen. Vor allem aber werden sie in ihrem Herzen eine lebendige und für ihr Leben bedeutsame Vorstellung bekommen von Gottes Herrschaft und Fürsorge – durch alle Zeiten hindurch. Sie werden entdecken, was schon der Psalmist wusste: „Die Gesetze des Herrn sind Wahrheit, jedes einzelne ist gerecht. Sie sind wertvoller als das feinste Gold und süßer als der beste Honig" (Psalm 19,10-11).

Selbst wenn du deinen Kindern alles sagen könntest, was du weißt, wären sie immer noch auf dieses Wissen begrenzt. Deshalb ist es wichtig, dass du ihnen jeden Tag aus dem Wort Gottes vorliest, denn: „Die ganze Schrift ist von Gottes Geist eingegeben und kann uns lehren, was wahr ist, und uns erkennen lassen, wo Schuld in unserem Leben ist. Sie weist uns zurecht und erzieht uns dazu, Gottes Willen zu tun." Auf diese Weise stellst du auch sicher, dass sie alles Nötige haben, um Gott zu dienen: „Durch die Schrift bereitet Gott uns umfassend vor und rüstet uns aus für alles, was wir nach seinem Willen tun sollen" (2. Timotheus 3,16-17).

Dann kannst du dich angesichts jeder Krise und jeder anstehenden Entscheidung voller Zuversicht Paulus Worten an Timotheus anschließen und zu deinen Kindern sagen: „Du aber sollst dich treu an das halten, was ich dich gelehrt habe und was du gelernt und im Glauben angenommen hast, denn du weißt, wer dich unterrichtet hat. Von Kindheit an bist du in der heiligen Schrift unterwiesen worden und sie kann dich weise machen, die Rettung anzunehmen, die der Glaube an Christus Jesus schenkt" (2. Timotheus 3,14-15).

Jesus sagte: „Wer auf mich hört und danach handelt, ist klug und handelt wie ein Mann, der ein Haus auf massiven Fels baut. Auch wenn der Regen in Sturzbächen vom Himmel rauscht, das Wasser über die Ufer tritt und die Stürme an diesem Haus rütteln, wird es nicht einstürzen, weil es auf Fels gebaut ist" (Matthäus 7,24-25).

Wenn Gottes unveränderliches Wort der Felsen ist, auf den sich deine Familie gründet, dann ist sie gut ausgerüstet, steht unverrückbar fest und wird allen Stürmen und Herausforderungen des Lebens die Stirn bieten.

DEINE HERAUSFORDERUNG FÜR HEUTE

WENN ES IN EURER FAMILIE NOCH KEINEN FESTEN ZEITPUNKT FÜR DIE GEMEINSAME BESCHÄFTIGUNG MIT GOTTES WORT GIBT, FANGT HEUTE DAMIT AN UND MACHT ES EUCH ZUR GEWOHNHEIT. LEST EINFACH EINEN KURZEN ABSCHNITT, EINE GESCHICHTE ODER EIN KAPITEL AUS DER BIBEL UND SPRECHT ANSCHLIESSEND DARÜBER. MACH DAS REGELMÄSSIGE LESEN IN DER BIBEL ZU EINEM ABENTEUER, AN DEM IHR EUCH ALLE BETEILIGT. WENN IHR DAS BEREITS TUT, BETE HEUTE GANZ SPEZIELL DAFÜR, DASS GOTT DIESE ZEITEN NUTZT, UM NOCH DEUTLICHER UND STÄRKER ZU DIR UND DEINEN KINDERN ZU SPRECHEN.

❑ Setze hier ein Häkchen, wenn du die heutige Herausforderung bewältigt hast.

Ist es dir gelungen, in deinen Kindern einen Hunger nach dem Wort Gottes zu wecken? Liest du regelmäßig in der Bibel? Wann ist die beste Zeit, das gemeinsam mit der ganzen Familie zu tun? Gibt es Dinge, die du in deinem Tagesplan zurückstellen kannst, um diese gemeinsame Zeit möglich zu machen?

Im Anhang auf Seite 276 findest du eine Aufstellung von großartigen Bibelversen, die du zusammen mit deinen Kindern auswendig lernen kannst.

Jede Generation soll ihren Kindern von deinen Werken erzählen … (Psalm 145,4)

TAG 29

Die Liebe hört zu

Vater, ich danke dir, dass du mich erhört hast.
Ich weiß, dass du mich immer erhörst ... (Johannes 11,41-42)

Glauben deine Kinder, dass du sie wirklich verstehst? Wie gut weißt du darüber Bescheid, was sie gerade beschäftigt? Kennst du ihre größten Hoffnungen und ihre tiefsten Ängste? Haben sie so viel Vertrauen zu dir, dass sie dir ihre Geheimnisse erzählen?

Von all den Dingen, die unsere Kinder brauchen, stehen die Momente, in denen wir ihnen unsere ungeteilte Aufmerksamkeit widmen, ganz oben auf der Liste. Wenn wir ihnen ganz bewusst zuhören, ohne uns von irgendetwas ablenken zu lassen, spüren sie, dass sie uns wichtig sind.

Das erhebt die elterliche Aufmerksamkeit zu einer Kunst, die wir als liebevolle Mütter und Väter beherrschen müssen. Auch wenn Multitasking in dieser digitalen Zeit eine Notwendigkeit ist, erfordert gutes Zuhören, dass wir alles andere sein lassen und uns nur auf das Gesagte konzentrieren. Das bedeutet konkret: Wir machen den Fernseher und den Computer aus, setzen die Kopfhörer ab und schalten das Handy auf stumm. Unsere Hände ruhen in unserem Schoß, unsere Lippen lächeln, unsere Ohren hören zu und unser Kopf nickt. Trotz unserer Geschäftigkeit muss es der Liebe erlaubt sein, uns zu unterbrechen und uns einzuladen, bewusst und regelmäßig in die Welt unserer Kinder einzutreten.

Jeder sehnt sich nach engen, vertrauten Freundschaften mit anderen Menschen. Jeder möchte vollkommen verstanden und vollkommen geliebt werden. In dem Wort *Vertrautheit* steckt das Wort Vertrauen, denn genau das muss investiert werden, wenn eine Person einer anderen die tiefsten und dunkelsten

Geheimnisse ihres Herzens offenbart. Wenn zwei Menschen dazu bereit sind und sicher wissen, dass der andere ihn auch dann noch akzeptiert und liebt, wenn er sich verwundbar macht, wird zwischen diesen beiden Menschen ein wunderbares Band entstehen. Menschen fühlen sich immer dann einsam, wenn es niemanden gibt, der sie wirklich kennt und sie genau so liebt, wie sie im tiefsten Inneren sind.

Viel zu oft halten Kinder – und vor allem Teenager – die wichtigsten Angelegenheiten in ihrem Leben vor ihren Eltern verborgen. Sie haben einfach nicht das Gefühl, dass sich jemand dafür interessiert. Oder vielleicht haben sie einfach Angst, dass sie nicht beachtet oder sogar abgelehnt werden, wenn sie ihre wahren Gefühle, Bedürfnisse und Sorgen äußern. Aber gerade dir als ihrer Mutter oder ihrem Vater hat Gott die Aufgabe zugedacht, sie auf dieser tiefen Ebene zu lieben und in jeder Situation für sie da zu sein.

Deshalb ist es so wichtig, dass du dir die Zeit nimmst, vertrauliche Gespräche mit deinen Kindern zu führen, sie Dinge von Herz zu Herz zu fragen und ihnen aufmerksam zuzuhören. Wenn du ein offenes Ohr hast und feinfühlig auf sie reagierst, schaffst du einen sicheren und geschützten Raum, in dem sie dir Einblick in ihre Seele gewähren können.

Da die meisten Unterhaltungen mit eher oberflächlichen Themen beginnen, werden dir deine Kinder vermutlich zuerst einige weniger wichtige Dinge erzählen – was sie im Fernsehen gesehen haben, was jemand in der Schule getan hat oder wofür sie sich neuerdings interessieren. Wenn du aber den Fehler machst, ihnen dabei nicht richtig zuzuhören oder ihre Worte als unwichtig abzutun, dann werden sie sich vielleicht nicht sicher genug fühlen, um auch tiefer gehende Dinge mit dir zu besprechen. Was immer für sie wichtig ist, sollte auch für dich wichtig werden. Indem du ihnen zeigst, dass du sie liebst und schätzt und an allem Anteil nehmen willst, was sie bewegt, werden sie viel eher bereit sein, dir von ihren Bedürfnissen, ihren Gefühlen und Schwierigkeiten zu berichten.

Ganz gleich ob du im Auto mit ihnen redest, am Telefon oder abends, wenn du auf ihrer Bettkante sitzt und sie im Arm hältst – wenn deine Kinder dir ihr Herz öffnen, müssen sie sich geliebt und angenommen fühlen. Es ist deine Aufgabe, achtsam mit ihnen umzugehen. Vielleicht sagen sie Dinge, die völlig absurd sind. Vielleicht sind sie verblendet oder emotional. Vielleicht musst du sie sogar tadeln. Aber wenn du ihnen zuerst einmal aufmerksam zuhörst und dich versicherst, dass du sie richtig verstanden hast, wissen sie zumindest, dass du sie wirklich gehört hast. Sie müssen das Gefühl haben, dass du sie verstehst und dich für sie interessierst. Dann werden sie dir ein größeres Vertrauen entgegenbringen, deinen Rat besser zu schätzen wissen und eher bereit sein, auf deine Bedenken einzugehen.

Im Gegensatz dazu haben verbitterte und rebellische Teenager oft das Gefühl, dass ihre Eltern sich nicht wirklich für sie interessieren, weil sie sich nicht die Zeit nehmen, ihnen zuzuhören, geschweige denn versuchen sie zu verstehen. In der Bibel heißt es: „Gute Einsicht verschafft Gunst" (Sprüche 13,15; Elberfelder). Eltern sollten sehr häufig das vertraute Gespräch mit ihren Kindern suchen, denn nur so bleiben ihre Herzen eng verbunden. Ja, die Kraft und die Zeit, die das Zuhören erfordert, sind ein Opfer, das wir aus Liebe bringen. Aber die Aussicht, das Herz deiner Kinder zu gewinnen und zu behalten, macht es letztendlich zu einer äußerst lohnenswerten Investition.

Manchmal besteht unsere Herausforderung darin, sie aus der Reserve zu locken, damit wir erfahren, was sie wirklich denken. In solchen Fällen kann das Zuhören ironischerweise erfordern, dass wir *mehr* reden und sanft nachhaken. Aber die Liebe kann uns die Geduld dafür schenken.

„Das hört sich an, als hättest du wirklich viel durchgemacht."

„Lass mich das noch einmal wiederholen, damit ich sicher sein kann, dass ich dich richtig verstanden habe."

„Ich kann nachvollziehen, wie unangenehm dir das wäre."

Wenn die Liebe zuhört, führt sie weder polizeiliche Ermittlungen durch noch ruft sie ständig dazwischen wie ein Bieter auf einer Auktion. Ebenso wenig eilt sie dem anderen voraus und sucht nach einer schnellen Lösung. Sie hört einfach zu und liebt. Sie interessiert sich ernsthaft für den anderen und zeigt ihm Verständnis.

Wenn wir unseren Kindern zuhören, bereiten wir sie außerdem darauf vor, sich Gott im Gebet ganz anzuvertrauen und ein eigenes intensives Gebetsleben zu entwickeln. Gott sagt: „Wenn ihr dann zu mir rufen werdet, will ich euch antworten; wenn ihr zu mir betet, will ich euch erhören" (Jeremia 29,12). „Wenn jemand unter euch Weisheit braucht, weil er wissen will, wie er nach Gottes Willen handeln soll, dann kann er Gott einfach darum bitten. Und Gott, der gerne hilft, wird ihm bestimmt antworten, ohne ihm Vorwürfe zu machen" (Jakobus 1,5).

Jesus baute seine eigenen Schlussfolgerungen zum Gebet auf dem Beispiel von Eltern auf, die sich liebevoll um die Bedürfnisse ihrer Kinder kümmern. „Ihr Eltern – wenn euch eure Kinder um ein Stück Brot bitten, gebt ihr ihnen dann stattdessen einen Stein? Oder wenn sie euch um einen Fisch bitten, gebt ihr ihnen eine Schlange? Natürlich nicht! Wenn ihr, die ihr Sünder seid, wisst, wie man seinen Kindern Gutes tut, wie viel mehr wird euer Vater im Himmel denen, die ihn darum bitten, Gutes tun" (Matthäus 7,9-11).

Wir können uns also hundertprozentig darauf verlassen, dass Gott uns wirklich hört, wenn wir zu ihm rufen. Und ebenso wenig sagen wir unseren Kindern, dass wir zu beschäftigt sind, wenn sie mit uns reden wollen. *Oder?* Unsere Kinder sollten sich jeden Tag so sehr auf unsere Liebe und Aufmerksamkeit verlassen können, wie wir es bei Gott können.

DEINE HERAUSFORDERUNG FÜR HEUTE

LADE DEINE KINDER BALD ZU EINEM BESONDEREN ESSEN EIN – UND ZWAR JEDES KIND EINZELN MIT DIR ALLEIN. NIMM DIR VOR, IN DIESER GEMEINSAMEN ZEIT IN ERSTER LINIE NUR ZUZUHÖREN. FRAGE SIE NACH IHREN HOFFNUNGEN UND TRÄUMEN, IHREN SORGEN UND ZIELEN. ACHTE DARAUF, EINE ATMOSPHÄRE ZU SCHAFFEN, IN DER SIE SICH SICHER FÜHLEN KÖNNEN UND TU ALLES DAFÜR, DASS IHR EUCH GEGENSEITIG WIRKLICH VERSTEHT. VERSUCHE IHR HERZ ZU ERREICHEN.

❑ Setze hier ein Häkchen, wenn du die heutige Herausforderung bewältigt hast.

Wo bist du mit deinen Kindern hingegangen und was hast du dabei erfahren? Wie würdest du dieses Erlebnis beschreiben – als eher schwierig oder erfreulich? Was sagt das darüber aus, wie nah ihr euch steht? Was kannst du sonst noch tun, um eure Beziehung zu vertiefen?

____

____

____

Als Hilfestellung für die heutige Aufgabe findest du im Anhang auf Seite 279 einige Fragen, die du deinen Kindern stellen kannst.

Aber Gott hat mich erhört! Er hat mein Gebet vernommen!
(Psalm 66,19)

TAG 30

Die Liebe macht Herzen stark

Er wird seine Herde weiden wie ein Hirte: Die Lämmer wird er im Arm tragen und sie auf seinem Schoß halten … (Jesaja 40,11)

Was tut die Liebe, wenn etwas Schlimmes passiert?

Wir wünschen uns ein Leben, in dem jeden Tag die Sonne scheint. Wo immer nur Frieden und Freude herrschen und Probleme, Sorgen oder gar Schicksalsschläge keinen Platz haben. Aber leider hält das Leben viele Enttäuschungen für uns bereit. Das erfahren auch unsere Kinder schon sehr früh in ihrem Leben. Vielleicht haben sie sich wochenlang auf ein bestimmtes Ereignis gefreut, das dann kurzfristig abgesagt wird. Vielleicht können sie aufgrund eines komplizierten Knochenbruchs nicht an einem wichtigen Wettkampf teilnehmen. Vielleicht müssen sie die Tatsache verkraften, dass ihre Tante und ihr Onkel sich scheiden lassen.

Was tut die Liebe dann? Wenn Großmütter sterben. Wenn ihr bester Freund ihr Vertrauen missbraucht. Wenn sie nach einem Probespiel nicht in die Mannschaft gewählt werden. Wenn ihnen jemand des anderen Geschlechts das Herz bricht. Was tut die Liebe dann?

Wenn wir unseren Kindern gute Eltern sein wollen, müssen wir oft in Zeiten, in denen sie selbst keinen klaren Gedanken fassen können, neue Erwartungen in ihnen wecken und für sie mitdenken. Die Liebe ist stets darauf aus, sich auch um ihre Herzen zu kümmern, nicht nur um ihre Verletzungen. Sie achtet darauf, dass Gott diese unwillkommenen äußerlichen Veränderungen dafür gebrauchen kann, sie innerlich stärker werden zu lassen und sie auf ein stabiles Leben in Gottes Gnade vorzubereiten, in dem sie schwierige Situationen zu meistern in der Lage sind.

Das biblische Vorbild für eine starke Leiterschaft ist das eines liebenden Hirten. Er lässt seine Herde nicht aus den Augen und sorgt stets gewissenhaft dafür, dass die Tiere alles haben, was sie für ihr Wohlbefinden brauchen. Seine Aufgabe beinhaltet sowohl die liebevolle Fürsorge für die Herde als auch ihre heroische Verteidigung. Er merkt es sofort, wenn seine Schafe unter Stress geraten und kontrolliert regelmäßig die Einzäunung, um Eindringlinge fernzuhalten.

Als Hirten unserer Familie erfüllen wir Eltern diese Aufgabe, indem wir für frisches Brot auf dem Tisch und saubere Socken in der Schublade sorgen. Aber was noch viel wichtiger ist: Wir schützen und umgeben das Herz unserer Kinder mit Fürsorge. Und ihr Herz ist nie verwundbarer – oder lernbereiter – als in den Zeiten, in denen sie eine erlittene Enttäuschung verarbeiten müssen.

Liebevolle Eltern sind für solche Notfälle stets abrufbereit. Sie bleiben geistlich wie emotional wach und sensibel. Sie denken voraus. Auch in den Zeiten, in denen das Leben recht glatt verläuft, suchen sie Gottes Weisheit, um sich für die nächsten Turbulenzen zu wappnen. Anstatt sich im Notfall allein auf Stoßgebete zu verlassen, arbeiten sie ständig daran, sich und ihren Kindern Gottes Wort und sein Herz näherzubringen. Sie legen sich einen Vorrat an biblischen Wahrheiten zu und können sofort darauf zurückgreifen, wenn die nächste Krise naht.

Wenn wir einen geliebten Menschen verlieren – sei es durch einen Unfall, Krankheit oder einfach durch hohes Alter – führt die Liebe unsere Kinder direkt in unsere Arme und zu Gottes Wort, wo er uns verheißt, auf dem Weg „durch das dunkle Tal des Todes" an unserer Seite zu sein (siehe Psalm 23,4). Dann sollten wir sie daran erinnern, dass er immer bei uns ist und uns tröstet.

Werden unsere Kinder zu Unrecht beschuldigt oder von einem Mitschüler gemobbt, sind sich fürsorgliche Eltern darüber im Klaren, dass das eine Flut von Gefühlen in ihnen auslöst. Vielleicht hegen sie Rachegedanken oder verfallen in Selbstzweifel und Unsicherheit. Vielleicht sind sie verwirrt, zornig oder niedergeschlagen. Dann sollten wir ihnen helfen sich auszusprechen und dann gemeinsam überlegen, wie sie mit diesen Gefühlen am besten umgehen können. Wir sollten sie daran erinnern, wie wichtig Gebet und wie befreiend Vergebung ist, damit ihnen die Qualen der Bitterkeit und der Wut erspart bleiben und ihr Herz nicht hart wird (siehe Matthäus 18,34). Dann können wir ihnen zeigen, wie sie ihren Widersacher liebevoll konfrontieren, wenn es nötig ist. Wenn sie all das beherzigen, werden sie stärker aus dieser Krise hervorgehen.

Die Liebe zeigt ihnen, wie sie mit ihren Ängsten umgehen können – indem sie Lügen aufdecken, dem dunklen Unbekannten mutig entgegentreten und sich auf den Namen des Herrn berufen, der ihre feste Burg ist. „Der Gottesfürchtige flüchtet sich zu ihm", sagt die Bibel, „und findet Schutz" (Sprüche 18,10).

Die Liebe zeigt ihnen auch, wie sie auf Fehler, Leid und Enttäuschungen reagieren können – indem sie darauf vertrauen, was Paulus sagte: „Und wir wissen, dass für die, die Gott lieben und nach seinem Willen zu ihm gehören, alles zum Guten führt" (Römer 8,28).

Die Liebe hilft ihnen sogar zu lernen, auch dann zufrieden zu sein, wenn sie nicht verstehen, wie etwas in ihrem Leben überhaupt passieren konnte. Zu akzeptieren, dass es auf manche Fragen keine Antwort gibt. Solange Gott die Hintergründe kennt und bereits an alles gedacht hat, was sie brauchen, können sie in der Sicherheit ruhen, dass sie darüber hinwegkommen werden. Sie können ihm vertrauen.

Manchmal hüllen wir sie aus Liebe in unser Mitgefühl ein, weinen mit ihnen und trösten sie. Zu anderen Zeiten müssen wir ihnen aus Liebe sagen, dass sie sich aufrichten und ihr Unglück beiseiteschieben sollen, damit sie mit Gott und seinem Wohlwollen an ihrer Seite in die Schlacht zurückgehen können. „Der Herr steht zu mir, deshalb fürchte ich mich nicht. Was können mir Menschen anhaben?“ (Psalm 118,6).

So umsorgen Eltern ihre Kinder.

So führen und leiten wir ihr Herz.

Leider sind die Väter oft die Ersten, die sich zurückziehen, wenn sich eine solch herausfordernde Situation auftut. Dabei tragen sie tatsächlich die größte Verantwortung dafür, ihre Kinder zu beschützen, sie zu bewahren und sie in ihrem Herzen auf das Leben vorzubereiten. Viele wollen lieber wieder zurück an ihre Arbeit und diesen „gefühlsbetonten Kram“ ihrer Frau überlassen. Oder sie gehen davon aus, dass ihre Kinder stark genug sind, dieses Problem ohne ihre Hilfe zu lösen. Aber wir Männer müssen bereit sein, uns dieser Herausforderung zu stellen, wenn es nötig ist. In der Bibel lesen wir an vielen Stellen, was passiert, wenn die Schafe keinen Hirten haben. Sie treiben auseinander und irren ziellos umher. Sie sind wehrlose Opfer, die mit Leichtigkeit überwältigt und von Lügen und Irrtümern verführt werden können.

Unser Vorbild ist Jesus, der gute Hirte, der sein Leben für die Schafe opfert (siehe Johannes 10,11), damit nicht ein einziges von ihnen weggerissen wird oder verloren geht.

Ja, das Leben ist hart. Aber die Liebe arbeitet härter. Sie ist stärker. Klüger. Sie kann dafür sorgen, dass unsere Kinder auf alles vorbereitet sind und jede neue Situation mit Mut und Gnade angehen.

DEINE HERAUSFORDERUNG FÜR HEUTE

LIES HEUTE ZUSAMMEN MIT DEINEN KINDERN JOHANNES 16,32-33 UND RÖMER 8,28-39. SPRECHT ANSCHLIESSEND DARÜBER, WIE SIE REAGIEREN SOLLTEN, WENN SIE EINE HARTE ZEIT DURCHMACHEN, UND WIE IHNEN DIE OBIGEN VERSE DABEI HELFEN KÖNNEN. WENN SIE ERST IN DER LETZTEN ZEIT EINE KRISE ERLEBT HABEN, SPRICH SIE MIT IHNEN DURCH, ERMUTIGE SIE UND DANN BETE FÜR SIE.

❑ Setze hier ein Häkchen, wenn du die heutige Herausforderung bewältigt hast.

Was hast du deinen Kindern gesagt und wie haben sie es aufgenommen?

Denn ich möchte, dass sie ermutigt werden
und in Liebe miteinander verbunden sind. (Kolosser 2,2)

TAG 31

Die Liebe nimmt Einfluss

Ohne weise Führung geht ein Volk zugrunde; mit vielen Ratgebern aber lebt es sicher. (Sprüche 11,14)

Erziehung war nie als etwas gedacht, das aus einer Hand erfolgen muss. So solide unser persönliches Wissen auch sein mag: Es wird immer eine Vielzahl von Fragen geben, auf die wir keine Antwort haben – und Töne, die jenseits unseres Gesangsspektrums liegen.

Das weiß auch die Liebe und deshalb ist sie so kühn und so weitsichtig, ein starkes Netzwerk an Einflüssen für unsere Kinder aufzubauen, das uns helfen kann, sie auf einem sicheren Weg ins Leben zu führen.

Es beginnt bei uns zu Hause. Wir entscheiden, welche Fenster zur Welt wir öffnen wollen und wie wir sie für die Entwicklung unserer Kinder am besten nutzen können.

Ein Mittel wird dabei in seiner Bedeutung oft nicht gesehen: Wir sollten unsere Kinder an gute Bücher und Literatur heranführen. Allein oder zusammen mit der Familie die Biografien von Glaubenshelden und klassische Meisterstücke zu lesen, kann ihre Vorstellungskraft fördern und sie dazu inspirieren, sowohl Romanhelden als auch Helden aus dem wahren Leben nachzueifern. Gnade. Ehre. Mut. Charakter. Wenn es uns gelingt, ihren Entdeckerdrang zu wecken und sie für das Lesen zu begeistern, dann ist diese Investition jede Minute und jeden Euro wert, und das wird sie ihr Leben lang begleiten.

Auch die Musik, die wir zu Hause hören, kann in unseren Kindern ein Gefühl für wahre Schönheit und Anbetung entwickeln helfen. Statt ihre Freunde entscheiden zu lassen, welche Art von Musik sie mögen sollten, können wir dafür sorgen, dass in unserem Zuhause erbauende Lieder zu hören sind, die Freude an Gott vermitteln und sie dazu inspirieren, ihm zu vertrauen – und das den ganzen Tag über. Das komplette Buch der Psalmen besteht aus Lobliedern für Gott. Sie wurden von Generation zu Generation weitergegeben und können Familien eine Ausgangsbasis dafür bieten, Gott anzubeten und ihn immer besser kennenzulernen.

Darüber hinaus sollten Eltern sich Menschen suchen, die sie regelmäßig in der Fürbitte für ihre Kinder unterstützen, in allen Lebenslagen. Wen kennst du, der bereit wäre, sich deinen Gebeten für deine Kinder anzuschließen?

Und nicht zuletzt ist es sehr wichtig, dass sie die Bibel und ihre Grundsätze ständig vor Augen haben, indem wir sie ihnen erklären und bewusst vorleben. Wir sollten ihnen aus der Bibel vorlesen und ihnen auch zeigen, wie sie die Bibel selbst studieren können.

Unsere Kinder sind auch darauf angewiesen, dass wir sorgfältig darauf achten, was in unserer Familie als „Vergnügen" angesehen wird. Tun wir das nicht, dann kann es leicht passieren, dass sich Böses hinter scheinbar harmloser Familienunterhaltung versteckt, dass die Fantasie zum Ersatz für die Realität und sinnloser Zeitvertreib zur Lieblingsbeschäftigung unserer Kinder wird. Gute Filme, empfehlenswerte Internetseiten und erbauende Unternehmungen müssen diejenigen ersetzen, die schädlich, nutzlos und ohnehin reine Zeitverschwendung sind.

Für das Leben außerhalb unserer vier Wände brauchen wir vertrauenswürdige Menschen, die uns dabei helfen, diese Verantwortung zu tragen und uns darin unterstützen, unsere Kinder in die richtige Richtung zu lenken. Fast wie im Aufsichtsrat einer Firma sollten wir ausgesuchten Personen das Recht einräumen, in das Leben unserer Kinder hineinzusprechen und sie von ihren Erfahrungen und ihrer Umsicht profitieren zu lassen.

Den Pastor und andere Leiter eurer Gemeinde sehen eure Kinder am Sonntagmorgen nur aus der Ferne. Du könntest zum Beispiel jemanden aus diesem Personenkreis mit seiner Familie ab und an zu dir nach Hause einladen. Bei einem gemeinsamen Essen werden sich sicher interessante Gespräche ergeben. Auch andere Eltern- und Großelternpaare, die ihre Kinder bereits mit Erfolg großgezogen haben, könnten einen positiven Einfluss auf eure Kinder ausüben.

Sei wachsam und informiere dich darüber, wer eure Kinder in der Schule unterrichtet oder in der Gemeinde betreut. Sieh zu, dass du diese Personen kennenlernst und bete für sie – dafür, dass sie einen guten Einfluss auf deine Kinder ausüben und der nächsten Generation Glauben und Werte vermitteln und sie gut unterrichten.

Wenn deine Kinder besonderes Interesse für eine Sache entwickeln, dann sieh dich nach Menschen um, die in diesem Bereich besondere Fähigkeiten besitzen oder beruflich damit zu tun haben. Vielleicht kann sich dein Kind mit einer solchen Person treffen oder sie sogar an ihrem Arbeitsplatz besuchen und selbst Hand anlegen.

Bring deinen Kindern bei, ihre Freunde klug auszusuchen (Sprüche 13,20 und 1. Korinther 15,33 sind dafür sehr hilfreiche Verse – lies sie deinen Kindern vor und lernt sie dann zusammen auswendig). Sorge dafür, dass du die Freunde deiner Kinder und deren Eltern kennenlernst. Lade sie zu euch nach Hause ein. Hör dir an, was sie sagen und mach dir ein Bild davon, was sie für Menschen sind und wo sie stehen, und lenke eure Gespräche und Aktivitäten in eine gesunde Richtung. Bring jedem deiner Kinder bei, klug zu differenzieren, eigenständig und unabhängig zu sein und bereit, die Dämonen in ihrem Leben durch Engel zu ersetzen.

Zugegeben, wir betreiben hier eine Art Verschwörung. Wahrscheinlich ist deinen Kindern gar nicht bewusst, wie sehr du daran arbeitest, dass sie mit gottgefälligen Einflüssen umgeben sind, die richtigen Dinge lernen und kraftvoll inspiriert werden. Aber schließlich dient all das zu ihrem Besten. Du wirst sehen, wie viel mehr die Liebe erreichen kann, wenn du deine eigenen Bemühungen mit denen einiger kluger Mitverschwörer verbindest.

„Einfluss" beinhaltet das Wort „Fluss". Große Flüsse entstehen, weil viele kleinere Bäche an bestimmten Stellen in den Fluss münden und ihm so Größe und Richtung geben. Deine Kinder können auf einem solchen Strom flussabwärts segeln, getragen von den Weisheiten und Erfahrungen, an denen die großartigen Trainer und Mentoren sie haben Anteil nehmen lassen, die du aus Liebe in ihr Leben gebracht hast.

In der Bibel heißt es: „Glücklich ist der Mensch, der nicht auf den Rat der Gottlosen hört, der sich am Leben der Sünder kein Beispiel nimmt und sich nicht mit Spöttern abgibt" (Psalm 1,1). Aber du kannst noch mehr tun, als deine Kinder nur dazu zu erziehen, dass sie negative Einflüsse meiden: Wie wäre es, wenn du dafür sorgst, dass sie mit Menschen umgeben sind, die tugendhaft, aufrichtig und bewundernswert sind? Wenn du ihnen Personen zur Seite stellst, die ihnen ein Vorbild für Mut und gottgefällige Integrität sind? Wenn du ihnen Gelegenheit gibst, mit Männern und Frauen zu reden, die Weisheit besitzen und ihnen helfen können, ihre Bestimmung zu entdecken?

Mit einer solchen Strategie trägst du einen großen Teil dazu bei, dass deine Familie nicht vom Bösen überwunden wird, sondern das Böse durch das Gute überwindet (siehe Römer 12,21).

DEINE HERAUSFORDERUNG FÜR HEUTE

MACH DIR EINE LISTE VON ALLEN GUTEN CHRISTLICHEN BÜCHERN, CHRISTLICHEN MUSIK-CDS SOWIE INSPIRIERENDEN FILMEN, DIE DU INNERHALB DES NÄCHSTEN JAHRES FÜR DEINE KINDER KAUFEN WILLST. BAU DIR SO IM LAUF DER ZEIT EINE BIBLIOTHEK MIT MEDIEN AUF, DIE EINEN POSITIVEN EINFLUSS AUF SIE AUSÜBEN UND IHNEN HELFEN, SICH MEHR WEISHEIT UND WISSEN ANZUEIGNEN. KAUFE DIESE WOCHE EINEN ODER ZWEI ARTIKEL VON DEINER LISTE UND SCHENK SIE DEINEN KINDERN.

❑ Setze hier ein Häkchen, wenn du die heutige Herausforderung bewältigt hast.

Was ist dir in den Sinn gekommen, als du darüber nachgedacht hast, welche Medien sich für eure „Bibliothek“ eignen? Wie setzt du sie am besten ein, damit du ihr ganzes Potenzial ausschöpfen kannst?

Wer sich mit den Weisen trifft, wird weise; wer sich mit den Narren einlässt, wird sich selbst schaden. (Sprüche 13,20)

TAG 32

Die Liebe bereitet vor

Gute Planung und harte Arbeit führen zu Wohlstand, wer aber überstürzt handelt, steht am Ende mit leeren Händen da. (Sprüche 21,5)

Die Liebe ruft uns oft von einem Augenblick auf den anderen zur Tat. Dann müssen wir improvisieren. Probleme tauchen auf. Konflikte entstehen. Der Tag nimmt ganz plötzlich eine unerwartete Wendung. Wir sehen, dass unsere Kinder in einer Krise stecken und reagieren spontan, um ihnen dort herauszuhelfen.

Aber die Liebe ist auch umsichtig. Sie denkt voraus und minimiert mögliche negative Konsequenzen, indem sie strategische Vorbereitungen trifft. Die Liebe wartet nicht ab, bis das Feuer des Lebens unsere Familien verzehrt; sie sorgt vor und installiert Rauchmelder und Sprinkleranlagen.

Viele Herausforderungen, denen sich deine Kinder einmal stellen müssen, sind jetzt noch kein Thema. Aber das wird sich irgendwann ändern. Und wenn ein Problem drängt, sollten deine Kinder feststellen, dass deine Liebe ihnen schon im Vorfeld alles an die Hand gegeben hat, um damit umgehen zu können. Deine Liebe hat ihnen rechtzeitig den Fallschirm umgeschnallt; du musst ihnen nicht kopfüber aus dem Flugzeug hinterherstürzen und hoffen, dass du sie noch rechtzeitig erreichst.

Wir wollen, dass unsere Kinder auf das Leben vorbereitet sind und nicht nur auf seine Unwägbarkeiten reagieren. Sie sollen voller Erwartung sein – und nicht schlecht informiert. Zuversichtlich und nicht komplett durcheinander. Sie sollen wissen, welchen Weg sie einschlagen müssen, und es nicht nur vermuten. Deshalb solltest du vor jedem neuen Abschnitt und jeder größeren Veränderung in ihrem Leben das Gespräch mit ihnen suchen, ihnen erklären, was jetzt vor ihnen liegt, und die Fragen, die sich dabei für sie auftun, beantworten.

Ein Teil deiner Vorbereitung sollte sich auf einschneidende Ereignisse in eurem Familienleben beziehen. Eine Beerdigung beispielsweise kann für ein Kind schwer zu verarbeiten sein. Die Leute weinen. Schwarze Kleidung. Der Sarg. Der Friedhof. Das ist vielleicht das erste Mal in ihrem jungen Leben, dass sie mit dem Tod und mit der Trauer über den Verlust eines geliebten Menschen konfrontiert werden.

Aber gleichzeitig gibt dir das auch die Gelegenheit, dich in den Tagen und Stunden vorher mit ihnen zusammenzusetzen und in der Bibel zu lesen. Ihnen zu erklären, warum der Tod ein Teil des Lebens ist. Hervorzuheben, was Jesus getan hat, damit alle, die ihm ihr Leben anvertraut haben, den Tod überwinden können. Ihnen vor der Beerdigung zu sagen, was dort vor sich gehen wird und wie sie sich verhalten sollen. Statt zuzulassen, dass unsere Kinder schockiert und verwirrt werden und sich mit bedrückenden Erinnerungen herumschlagen müssen, macht die Liebe ihr Herz und ihren Verstand bereit für das, was vor ihnen liegt.

Auch eine Hochzeit mit all ihrem Drum und Dran – dem Brautkleid, der Trauungszeremonie und dem Anstecken der Ringe – bietet dir einen ähnlichen, wenn auch weitaus fröhlicheren Anlass, mit deinen Kindern zu sprechen. Du kannst ihnen erklären, was sie dort erleben werden, wie die Hochzeit gefeiert wird und warum die Ehe Gottes Idee für eine romantische Liebe und neue Familien ist.

Bestimmte Zeitpunkte im Leben deiner Kinder, die eine Veränderung mit sich bringen oder den Übergang in einen neuen Lebensabschnitt einleiten, eignen sich hervorragend, um sie feierlich und liebevoll auf die Zukunft vorzubereiten. Wird ein Kind beispielsweise zwölf Jahre alt, sollten die Eltern das als seinen Eintritt in das frühe Erwachsenenalter feiern. *In der nächsten Zeit wird dieses und jenes mit deinem Körper passieren und hier sind einige Tipps, wie du die Teenagerjahre gut überstehst.*

Wenn der siebzehnte Geburtstag naht, kannst du sie darauf vorbereiten, dass sie den Führerschein machen dürfen. Mit achtzehn treten sie ins Erwachsenenleben ein und haben ganz neue Freiheiten, tragen aber auch mehr Verantwortung. Das sind einschneidende Momente in ihrem Leben, die ihr gebührend feiern solltet – und die sich deutlich von der „alltäglicheren" Geburtstagsparty oder der Einladung in ihr Lieblingsrestaurant abheben. Die Liebe wird sie nicht in diesen neuen Lebensabschnitt eintreten lassen, ohne sich einen Abend oder ein ganzes Wochenende für sie ganz allein Zeit zu nehmen, mit ihnen zu sprechen, sie zu ermutigen und sie darauf vorzubereiten, was in den kommenden Jahren auf sie zukommen wird.

Abgesehen von diesen Meilensteinen ihrer Entwicklung gibt es natürlich noch andere Dinge, auf die wir unsere Kinder unbedingt vorbereiten sollten: die Pubertät, ihr Schul- oder Hochschulabschluss, das Ende ihrer Ausbildung, ihr erster Job, der Auszug von zu Hause, ihre Hochzeit. Vor manchen Themen drücken sich Eltern gern. Aber die Liebe ist an dem zukünftigen Wohlergehen unserer Kinder interessiert. Sie weiß, dass sie jemanden brauchen, der ihnen alles Nötige an die Hand gibt, damit sie gute Entscheidungen treffen und ihre moralischen Grundsätze bewahren können. Jemand, der ihnen zeigt, wie sie – gesund und mit Christus im Fokus – mit Versuchungen, Chancen und Herausforderungen umgehen sollten.

Gespräche über Reinheit und Gottes Plan für unsere Sexualität können für manche Kinder abschreckend sein. Doch im Idealfall schafft die Liebe schon früh genug eine Atmosphäre, in der solche sensiblen Themen offen, ehrlich und ohne jeden Druck besprochen werden können. Du wirst nicht wollen, dass ihre Altersgenossen oder die Welt ihnen im Hinblick auf dieses heikle Thema ihre Auffassung aufzwingen. Deshalb solltest du es nicht versäumen mit ihnen darüber zu sprechen, wie sie ihren Körper und ihr Herz beschützen und dem Druck, den Personen des anderen Geschlechts möglicherweise auf sie ausüben werden, begegnen können.

Wenn du den richtigen Zeitpunkt für ein Gespräch bereits verpasst hast, solltest du es unbedingt kurzfristig nachholen. Diese Themen sind zu wichtig, um sie dem Zufall zu überlassen oder zu riskieren, dass eure Kinder so damit umgehen, wie sie es bei anderen sehen und hören.

Die Wahrheit ist ein Geschenk, das wir unseren Kindern aus Liebe nicht vorenthalten dürfen. Wir müssen unsere Erfahrungen und Beobachtungen mit ihnen teilen, statt sie im Dunkeln weiterlaufen zu lassen und auf das Beste zu hoffen. Wir müssen ihnen zeigen, dass Gottes Wort und seine Weisheit uns im Gegensatz zur Welt immer einen viel besseren, sicheren Weg vorgeben, der zu Selbstachtung und wahrer Liebe führt.

Diese Gespräche mit unseren Kindern sollten kein einmaliges Ereignis bleiben, das dann nie wieder erwähnt wird und von dem jeder so tut, als hätte es nie stattgefunden. Diese Gespräche sollten vielmehr im Laufe der Zeit größer werden und sich weiterentwickeln. Vielleicht ist dein Kind im Moment noch viel zu klein, um mit gewissen Themen belastet zu werden. Vielleicht stellt dir eines von ihnen Fragen, mit deren Beantwortung du dich sehr schwertust und über die du erst einmal lange nachdenken musst. Aber ganz gleich ob es um die Stützräder an ihrem Fahrrad geht, um ihre Partnersuche oder um den Umgang mit Geld – es sollte nie dein Ziel sein, einen Punkt von deiner Liste streichen zu können. Sondern es ist wichtig, dass du sie die entscheidenden Grundsätze immer wieder lehrst, Jahr für Jahr, und sich diese Prinzipien in ihr Herz einprägen. Damit bereitest du sie auf das Leben vor, auf ein in jeder Hinsicht erfolgreiches Leben.

Als Eltern verbringen wir viele sorglose Momente mit unseren Kindern: Spieleabende, arbeitsfreie Samstage, Sommerurlaube – Momente voller Spaß, an die sich unsere Kinder später hoffentlich gern zurückerinnern. Doch gleichzeitig kann deine Liebe dafür sorgen, dass sie auch voller Zuversicht in die Zukunft blicken, weil du sie angemessen darauf vorbereitet hast. Entscheidet euch dafür, Eltern zu sein, die ihren Kindern rechtzeitig beibringen, ihr Schwert und ihren Schild hochzuhalten, bevor ihnen die Pfeile um die Ohren fliegen – und die nicht ignorieren, dass es Pfeile gibt.

DEINE HERAUSFORDERUNG FÜR HEUTE

MACH DIR EINE LISTE ALLER WICHTIGEN THEMEN, ÜBER DIE DU MIT DEINEN KINDERN SPRECHEN MUSST: BEZIEHUNGEN, DIE PUBERTÄT, INTEGRITÄT, FINANZEN USW. ÜBERLEGE DIR HEUTE, WANN DER RICHTIGE ZEITPUNKT IST, DIESE GESPRÄCHE ZU FÜHREN. FANG DAMIT AN, DICH ANGEMESSEN DARAUF VORZUBEREITEN. BITTE GOTT UM SEINE WEISHEIT UND FÜHRUNG.

❑ Setze hier ein Häkchen, wenn du die heutige Herausforderung bewältigt hast.

Über welche Themen solltest du zeitnah mit deinen Kindern sprechen? Welche müssen noch eine Zeit lang warten, dürfen aber nicht unter den Tisch fallen?

Der Herr sagt: „Schaufelt fleißig und baut eine glatte Straße! Bahnt meinem Volk einen Weg ohne Hindernisse." (Jesaja 57,14)

TAG 33

Die Liebe segnet

Der Herr segne dich und beschütze dich. Der Herr wende sich dir freundlich zu und sei dir gnädig. (4. Mose 6,24-25)

Eine der großen Freuden im Leben von Eltern besteht darin, dass sie die Möglichkeit haben, einen anderen Menschen vom Augenblick seiner Geburt an zu *kennen* und zu *lieben*. Zu beobachten, wie er die Welt voller Staunen entdeckt. Zu sehen, wie er heranwächst und Beziehungen aufbaut. Tag für Tag. Jahr um Jahr. Aus allernächster Nähe.

Voller Freude zu beobachten, wie er sich entwickelt, wie er *wird*.

Doch damit Kinder wirklich zu den Menschen werden, die Gott im Sinn hatte, als er sie erschaffen hat, müssen wir Eltern sie dahingehend beeinflussen – nicht indem wir sie manipulieren oder zu etwas zwingen, sondern indem wir bewusst die Samen wässern, die Gott in sie hineingelegt hat. Indem wir ihnen einen *Segen* geben.

Aber was genau *ist* ein Segen?

Kein Elternteil hofft, dass sein Kind zu einem Versager heranwächst. Unsere Liebe wünscht sich ausschließlich Gesundheit, Glück und das Beste von Gott für sie. Ein Segen ist einfach ein von Gott gegebener Weg, wie unsere hoffnungsvollen Wünsche für unsere Kinder in der Zukunft zur Realität werden.

Jemanden zu segnen bedeutet tatsächlich „gut von ihm zu sprechen". Und so machen Eltern von ihrer von Gott gegebenen Autorität Gebrauch, um ihre Kinder darin zu bestätigen, wer sie sind, und sie gleichzeitig für ihre zukünftigen Erfolge zu ermutigen und zu inspirieren.

In einem Segen vereinigen sich kraftvolle Worte und Wünsche mit Gebeten und dem Lob Gottes. Gott trug Mose auf, die Hohepriester zu lehren, wie sie die Söhne Israels segnen sollten: „Sag Aaron und seinen Söhnen Folgendes: ‚... Der Herr segne dich und beschütze dich. Der Herr wende sich dir freundlich zu und sei dir gnädig. Der Herr sei dir besonders nahe und gebe dir seinen Frieden.' Auf diese Weise sollen Aaron und seine Söhne meinen Namen über den Israeliten aussprechen und ich selbst will sie segnen" (4. Mose 6,23-27).

Als himmlischer Vater entwickelte Gott ein Segensmuster für sein Volk: Er sicherte ihnen mit seinen Worten seine Annahme und seine Unterstützung zu, er malte in lebhaften Farben Bilder von der Zukunft, die sie zu erwarten hatten, und er setzte sich und seine Ressourcen dafür ein, um aus seinen Worten Realität werden zu lassen.

Die Bibel ist von Anfang bis Ende voller dynamischer Segnungen. Gott segnete den ersten Mann und die erste Frau mit der Aufgabe, fruchtbar zu sein und sich zu vermehren (siehe 1. Mose 1,28). Er segnete Abraham, Isaak und Jakob, die wiederum ihre Kinder segneten. Jakob segnete jeden einzelnen seiner zwölf Söhne mit einem besonderen Segen (siehe 1. Mose 49,28). In der Bibel wird oft erwähnt, wie Menschen kleinen Kindern die Hand auf den Kopf legten oder sie liebevoll in ihre Arme schlossen, um sie zu segnen (siehe 1. Mose 48,14; Lukas 2,28; Markus 10,16).

Durch seinen Segen inspirierte Gott sein Volk unablässig dazu, ein Leben zu führen, das nicht nur von Zweckmäßigkeit, Glauben und Dienst geprägt war, sondern auch von Hoffnung, Frieden und Respekt. Sein Segen drängte sie dazu vorwärtszugehen, er erneuerte ihre Zuversicht und bereitete den Boden unter ihren Füßen für sie vor. Er schickte sie strategisch auf den Pfad, der zur geistlichen Blüte führte.

Nachdem Jesus getauft worden war, sprach eine Stimme aus dem Himmel: „Du bist mein geliebter Sohn, an dir habe ich große Freude“ (Markus 1,11). Gott der Vater bestätigte und segnete seinen Sohn in aller Öffentlichkeit und investierte zugleich in Jesu zukünftigen Erfolg, indem er ihm sofort seinen Heiligen Geist sandte (siehe Lukas 3,22). Diese eindrucksvolle Erfahrung versetzte Jesus in die Lage, den Willen seines himmlischen Vaters während seines Wirkens auf der Erde vollkommen zu erfüllen.

Kinder – auch bereits erwachsene Kinder – sehnen sich nach Worten der Liebe und der Annahme von ihren Eltern. Leider hören viele von ihnen diese nur selten, wenn überhaupt. Wenn du nur zu deinem Sohn oder deiner Tochter sagst: „Ich liebe dich so sehr. Ich habe so viel Freude an dir und ich hoffe und bete, dass in deinem Leben all das Gute wahr wird, was Gott für dich vorgesehen hat“, kann das ihr Leben für immer verändern. Damit kannst du die idealen Voraussetzungen dafür schaffen, dass sie in der Zukunft ihre Flügel ausbreiten und sich emporheben.

Du kannst deine Kinder auch segnen, indem du ihre Stärken und Fähigkeiten hervorhebst. Du könntest beispielsweise sagen:

„Ich sehe schon jetzt, dass du einmal ein großartiger … werden könntest.“

„Mit deinen Stärken und Fähigkeiten könntest du vermutlich …“

„Deine Begabung und dein Herz für … beeindrucken mich.“

Und dann lass deinen Segensworten Investitionen folgen. Gebet. Ermutigung. Bring deine Kinder mit Menschen zusammen, die in dem Bereich ihres Talents bereits Erfolge vorweisen können. Unterstütze sie mit allem, was ihnen auf ihrem Weg helfen kann. Dabei geht es nicht darum, jetzt schon ihr späteres Studienfach festzulegen oder ihre Karriere zu planen. Gott wird sie in diesen Dingen nach seinem Zeitplan führen. Aber deine anhaltende Ermutigung wird wie frischer Wind in ihren Segeln sein, wenn sie darüber entscheiden, welche Wege sie gehen sollen.

Dein Segen kann ihnen die Augen dafür öffnen, sich selbst als einen Teil von Gottes Plan und seinem Wirken auf der Erde innerhalb ihrer Generation zu sehen. Er kann sie daran erinnern, dass Gott noch tiefere Gründe hatte, warum er ihnen ihre Talente geschenkt hat und ihnen bestimmte Gelegenheiten bietet, denn: „... wir sind Gottes Schöpfung. Er hat uns in Christus Jesus neu geschaffen, damit wir zu guten Taten fähig sind, wie er es für unser Leben schon immer vorgesehen hat" (Epheser 2,10).

Wenn dein Segen ihr ganzes Herz durchdringt, können sie sich ohne das Bedürfnis weiterentwickeln, ihre Anerkennung aus anderen, ungesunden Quellen zu schöpfen. Sie werden nicht länger unsicher sein, sondern voller Zuversicht und frei von Furcht und Selbstzweifeln leben können.

Wenn Gott uns segnet, gibt er uns einen Ausblick auf sein Wohlwollen und führt uns zu einem Leben im Überfluss. Deshalb zögere nicht, selbst Worte des Segens über deinen Kindern auszusprechen. Versäume es nicht in ihnen eine Vision wachzurufen, die sie darüber nachdenken lässt, welche wunderbaren Dinge Gott durch sie bewirken könnte. Wie sie das Leben anderer beeinflussen könnten. Welchen Unterschied sie machen könnten. Was für ein Segen sie sein könnten.

DEINE HERAUSFORDERUNG FÜR HEUTE

SCHREIB FÜR JEDES DEINER KINDER EINEN BESONDEREN SEGEN AUF. BERÜCKSICHTIGE DABEI DIE FÄHIGKEITEN, DIE DU IN IHNEN SIEHST, UND DIE DINGE, ZU DENEN DU SIE ERMUTIGEN WILLST – NACH GOTTES PLAN. LIES DANN DER GANZEN FAMILIE LAUT VOR, WAS DU AUFGESCHRIEBEN HAST, UND BETE FÜR SIE, DASS GOTT DIE VOLLKOMMENEN PLÄNE, DIE ER FÜR SIE HAT, IN IHREM LEBEN VERWIRKLICHT.

❑ Setze hier ein Häkchen, wenn du die heutige Herausforderung bewältigt hast.

Wie haben deine Kinder auf deinen Segen reagiert? Wie kannst du die Stärken, die du in ihnen siehst, weiter fördern und ihnen helfen zu entdecken, wer sie wirklich sind?

Bring sie zu mir, ich will sie segnen. (1. Mose 48,9)

TAG 34

Liebe und Ehe

Der Mann, der eine Frau findet, hat einen Schatz gefunden und der Herr freut sich über ihn. (Sprüche 18,22)

Wenn deine Kinder noch zu Hause wohnen, denkst du wahrscheinlich noch nicht allzu oft daran, dass sie einmal heiraten und eigene Familien gründen werden. Doch ungeachtet ihres Alters kannst du gar nicht früh genug damit beginnen, sie auf diesen Abschnitt ihres Lebens vorzubereiten und für sie und ihre zukünftigen Familien zu beten. Mach es dir zur Priorität, Gott regelmäßig darum zu bitten, dass deine Kinder auf den richtigen Partner warten. Bitte ihn auch, dass er sie darauf vorbereitet, eines Tages wunderbare und gottgefällige Ehemänner oder -frauen zu werden, und dass sie solche Partner finden.

Wir alle wissen, dass es weitreichende Konsequenzen hat, wenn wir uns für einen Ehepartner entscheiden. Diese einzigartige Beziehung verändert alles und beeinflusst jeden weiteren Schritt auf unserem Lebensweg. Sie kann uns Jahre voller Frieden, Freude und Glück bescheren oder aber voller Leid, Enttäuschungen und Einschränkungen.

In guten wie in schlechten Zeiten.

Das wird im Grunde auch in 5. Mose 7 beschrieben. Nachdem Gott seinem Volk gesagt hatte, was sie ihre Kinder lehren sollten, verbot er ihnen, ihre Söhne und Töchter mit Partnern aus den umliegenden Völkern zu verheiraten. Dort nämlich wurden Götzen angebetet. Gott wusste, dass ungläubige und unverständige Ehepartner die Reinheit seines Volkes und das Vermächtnis vieler gottgefälliger Generationen zunichtemachen könnten. Er schärfte ihnen ein, dieses wichtige Gebot zu befolgen, damit sie und ihre Kinder weiterhin den Segen genießen könnten, den der zwischen ihnen geschlossene Liebesbund mit sich brachte: Gottes Wohlergehen und die Versorgung ihrer Familien, sein Schutz vor Hunger und Gefahren und sein Wohlgefallen an ihrem reinen und heiligen Leben. Wenn sie ihn und seine Anweisungen jedoch ignorierten, würden sie am Ende alle umkommen – eine Familie und ein Traum nach dem anderen würde infolge des Ungehorsams zerstört.

Die darauffolgenden Jahrhunderte haben diese Tatsache mehr als bestätigt. König Salomo war der weiseste Mann seiner Tage. Dennoch traf er mit den Frauen, die er heiratete, die falsche Wahl: Denn durch sie wurde er schließlich Gott gegenüber untreu. Sein Verhalten hatte darüber hinaus zur Folge, dass seinen Söhnen der Thron und damit die Herrschaft über das Königreich genommen wurde (siehe 1. Könige 11,1-13).

Salomo und viele andere mussten erleben, dass es unvermeidlich zu Spannungen kommt, wenn Gläubige mit Ungläubigen gemeinsame Sache machen (siehe 2. Korinther 6,14). Sie dienen unterschiedlichen Herren und verfolgen einander entgegengesetzte Ziele. Wenn wir unsere Kinder also nicht vor dieser Dynamik schützen und ihnen helfen, einen Ehepartner zu finden, der Gott von ganzem Herzen liebt und einen starken, lebendigen Glauben hat, könnte ihnen eine falsche Partnerwahl das Herz brechen und ihre Zukunft zerstören.

In jeder Ehe stehen der Glaube und der Zusammenhalt der zukünftigen Generationen auf dem Spiel. An diesem kritischen Punkt tritt die elterliche Liebe auf den Plan. Und das schon im Vorfeld.

Die Ehe, auf die deine Kinder zusteuern, erfordert also als Erstes *strategisches Gebet*. Fang schon jetzt an, dafür zu beten, dass deine Söhne erwachsen werden und sich eine Frau suchen und heiraten, wie sie in Sprüche 31 beschrieben ist, und deine Töchter einen Mann gewinnen und heiraten, der den Maßstäben von Psalm 112 entspricht. Sie müssen von dir lernen, über Charme und äußerliche Attraktivität hinauszusehen und sich Ehepartner zu suchen, die ein reines, kluges und ehrliches Herz haben, die Gott lieben und fürchten und in unerschütterlicher Treue an ihm festhalten (siehe Sprüche 31,30).

Darüber hinaus solltest du deine Kinder auf die Ehe vorbereiten, indem du *ihre heilige Reinheit bewahrst* – unterweise sie und sei ihnen auch hier ein Vorbild.

Lust und Promiskuität führen nicht zu starken Ehen, in denen die gegenseitige Treue selbstverständlich ist. Stattdessen treten sie die Ehe mit Füßen und brechen sie, noch bevor sie begonnen hat (siehe 1. Thessalonicher 4,1-7). Wir müssen unseren Söhnen und Töchtern beibringen, dass wahre Liebe geduldig ist, dass sie das Beste sucht, das Gott für uns bereithält, und sowohl die Ehre des anderen als auch das zukünftige Ehebett beschützt (siehe Hebräer 13,4). Jeder moralische Kompromiss, den deine Kinder eingehen, löst unweigerlich Scham und Schuldgefühle in ihnen aus und zieht noch mehr Menschen an, die nicht gut für sie sind – ganz abgesehen davon dass Gott ihr Verhalten ganz und gar nicht billigt.

Es werden Zeiten kommen, in denen starke Gefühle sie durcheinanderbringen wollen. Und die Liebe wird uns dazu anhalten, uns für die Geduld und die Reinheit unserer Kinder einzusetzen, indem wir sie zur Bibel hinführen (siehe 2. Timotheus 2,22), sie daran erinnern, dass sie Gott dienen sollen, ohne sich ablenken zu lassen (siehe 1. Korinther 7,32-35), und ihnen helfen, ihren Körper und ihr Herz zu beschützen, damit Gott ihnen all das Gute schenken kann, das er für sie vorgesehen hat (siehe 1. Korinther 6,9-20; Sprüche 4,23).

Aber das ist längst nicht alles. Letztendlich ist es unser persönliches Beispiel, das den Ton angibt. Gehen wir als Ehemann und Ehefrau liebevoll und respektvoll miteinander um? Vergeben wir dem anderen, sind wir geduldig und freundlich? Leben wir unseren Kindern vor, wie man eine Frau liebt, wie man einen Mann respektiert? Sind wir ihnen mit der Wertschätzung, die wir uns gegenseitig zeigen, ein Vorbild dafür, wie man sich dem anderen Geschlecht gegenüber verhält?

Natürlich ist keine Ehe perfekt. Aber eine der vorrangigsten Aufgaben der Liebe besteht darin, unseren Kindern zu zeigen, dass trotzdem in jeder Ehe ein liebevoller Umgang miteinander möglich ist. Das schließt unsere Ehe ein. Auch wenn du alleinerziehend oder geschieden bist, kannst du nach Möglichkeiten suchen, ihnen die biblischen Maßstäbe für Liebe, Reinheit und Treue vorzuleben, und sie ermutigen, deinem Beispiel zu folgen.

Denn wenn unsere Kinder schließlich verheiratet sind, verändern sich unsere Pflichten. Während wir sie bisher aktiv geführt und angeleitet haben, besteht unsere Aufgabe jetzt darin, uns zurückzuziehen und ihre neue Familie und ihre Unabhängigkeit zu respektieren. Wir können sie nach wie vor ermutigen, für sie beten und ihnen mit Rat und Tat zur Seite stehen, sofern sie uns darum bitten. Aber wir müssen ihnen den Raum geben, uns zu verlassen und sich ganz an ihren Ehepartner zu binden, damit ihre neue Einheit als „ein Fleisch“ gedeihen kann (siehe 1. Mose 2,24). Jede Einmischung oder ungewollte Hilfsaktion bringt sie nur aus dem Konzept und kann dazu führen, dass zwischen den jungen Ehepartnern Uneinigkeit entsteht und sie anfangen, sich über dich zu ärgern.

Bis sie jedoch für die Ehe bereit sind, beschwört die Bibel die jungen Menschen wiederholt, die Liebe nicht aufzuwecken und sie nicht zu stören, bis es ihr selbst gefällt (siehe Hoheslied 2,7; 3,5; 8,4).

Als liebevolle Eltern sollten wir für unsere Kinder beten und alles tun, um ihre Unschuld und ihre Ehre zu bewahren. Wir sollten sorgfältig darauf achten, welchen Einflüssen wir sie aussetzen und ihnen davon abraten, feste Beziehungen einzugehen, bevor sie annähernd ein heiratsfähiges Alter erreicht haben. Mit diesen vorsichtigen und liebevollen Schritten helfen wir unseren Kindern, ein reines Herz zu bewahren und bereiten sie darauf vor, vor dem Altar eine auch langfristig glückliche Ehe eingehen zu können.

DEINE HERAUSFORDERUNG FÜR HEUTE

SPRICH MIT DEINEN KINDERN DARÜBER, WIE WICHTIG ES IST, DASS SIE DIE RICHTIGE PERSON HEIRATEN. BETE HEUTE GANZ SPEZIFISCH FÜR IHRE ZUKÜNFTIGEN EHEPARTNER UND DAFÜR, DASS GOTT IHRE REINHEIT BEWAHRT UND SIE IN IHREM CHRISTLICHEN GLAUBEN REIFEN LÄSST. WENN DEINE KINDER BEREITS VERHEIRATET SIND, BETE DAFÜR, DASS IHRE EHE STABIL IST UND AUF DEM FUNDAMENT VON LIEBE UND VERTRAUEN GEGRÜNDET IST.

❑ Setze hier ein Häkchen, wenn du die heutige Herausforderung bewältigt hast.

Wie haben deine Kinder auf deinen Zuspruch reagiert? Für welche Eigenschaften deiner zukünftigen Schwiegersöhne und -töchter willst du noch beten? Was hat Gott dir da aufs Herz gelegt?

Diese älteren Frauen sollen die jüngeren Frauen anleiten, ihre Ehemänner … zu lieben. Genauso sollst du die jungen Männer dazu auffordern, in jeder Hinsicht besonnen zu sein. (Titus 2,4 und 6)

TAG 35

Die Liebe freut sich an der Wahrheit

Gerechte Menschen finden das Leben ... (Sprüche 11,19)

Nur wenige Dinge sollten uns mehr begeistern, als zu sehen, dass unsere Kinder Gott lieben und ihm wohlgefällig leben. Dass sie sich als wahre, mitfühlende Freunde erweisen. Autorität respektieren. Sich in Bescheidenheit üben. Dass an ihrem Verhalten Reife, Weisheit und Freundlichkeit sichtbar sind.

Wenn die Einstellung und das Verhalten unserer Kinder mit dem im Einklang stehen, was Gott sich von ihnen wünscht, sollten wir nicht damit hinter dem Berg halten, wie sehr wir das schätzen. Und wenn sie tatsächlich nach den Wahrheiten der Bibel leben – wenn wir sehen, dass sie selbstlos und opferbereit sind und ein Herz dafür haben, anderen zu dienen – müssen sie wissen, dass das unserer Aufmerksamkeit nicht entgeht. Mehr noch: Sie wollen wissen, dass wir uns riesig darüber freuen.

Der Apostel Johannes schrieb: „Ich kenne keine größere Freude als zu hören, dass meine Kinder so leben, wie es der Wahrheit Gottes entspricht" (3. Johannes 4). Er freute sich, wenn seine geistlichen Kinder sich unermüdlich und ohne Kompromisse um Gottes Wohlgefallen und um ein Leben in Reinheit und Treue bemühten. Er wusste, dass es für sie nur diesen einen Weg gab, um Gott zu gefallen, ihrer Bestimmung nachzukommen und wahre Freude und ein erfülltes Leben zu finden. Deshalb freute ihn nichts mehr als zu erfahren, dass sie die richtigen Prioritäten setzten und so auf dem Weg des Segens blieben. Zu sehen, dass sie wuchsen und gediehen.

Die Liebe „freut sich immer an der Wahrheit“ (siehe 1. Korinther 13,6). Wenn deine Kinder ihren Charakter nach dem Vorbild Christi entwickeln, an ihrem Glauben festhalten und anderen gerne geben und dienen, dann rät uns die Bibel, das zu feiern. Und zwar mehr als die Medaille nach dem Wettkampf und mehr als alle Erfolge in der Schule oder ihrem Beruf.

Der Apostel Paulus gab in seinen Briefen an die Gemeinden oft seiner Freude darüber Ausdruck, dass sie Berichten zufolge treu an ihrem Glauben festhielten (siehe 2. Thessalonicher 1,3-4). Als Eltern sollten wir nicht weniger begeistert sein, wenn wir großartige Wesenszüge und vorbildliches Verhalten bei unseren Kindern beobachten – und das dann auch entsprechend laut würdigen und betonen.

Was macht dich unendlich stolz auf dein Kind? Womit macht es dich am glücklichsten? Wenn es ein Tor schießt? Wenn es in der Schule eine Eins bekommt? Oder beeindruckt es dich am meisten, wenn dein Sohn morgens betet und in der Bibel liest oder deine Tochter anderen von ihrem Glauben erzählt und ihrer Schwester vergibt?

Auf deine Kinder hast du mit am meisten Einfluss. Sie werden immer demjenigen gefallen wollen, der sie am meisten lobt. Nutzt du deinen Einfluss, indem du sie dazu anspornst, Gott zu ehren?

Wenn du wissen möchtest, was die Menschen in unserer Gesellschaft lieben und schätzen und was ihnen gefällt, brauchst du nur einmal durch die Fernsehprogramme zu zappen oder durch irgendein Einkaufszentrum zu gehen. Selbstgefälligkeit. Materialismus. Sinnesfreuden. Selbstzentriertheit.

Es ist gerade so, als würde der überwiegende Teil der Bevölkerung mit einem Drehbuch in der Hand herumlaufen, in dem die Rollen stehen, die zu spielen von uns allen erwartet wird. Man sagt uns, worüber wir nachdenken und wie wir uns kleiden sollen, was wir interessant finden und was wir anstreben sollen, wofür wir unser Geld ausgeben und wie wir unsere Zeit verbringen sollen. Und wenn es jemand wagt, vom vorgegebenen Text abzuweichen, wird er mit großer Wahrscheinlichkeit ausgelacht oder abgelehnt. Isoliert. Ignoriert.

Natürlich ist es richtig, wenn wir unsere Kinder ermutigen, mit Gott zu leben. Doch dabei dürfen wir nie vergessen, dass wir sie damit gleichzeitig bitten, bewusst gegen den kulturellen Strom zu schwimmen. In einer Welt, in der Äußerlichkeiten im Vordergrund stehen und der Charakter kaum etwas zählt, werden sie aufgrund ihrer Unverdorbenheit und ihrer Wahrheitstreue in den Augen anderer wahrscheinlich als altmodisch und unbedeutend abgestempelt sein. Ihre Entscheidung, Gott mit ihrem Leben zu ehren und zu befolgen, was wir ihnen beigebracht haben, mag ihnen bei einigen Menschen Respekt verschaffen, aber andere werden ihre Einstellung nicht nachvollziehen können und sie verspotten.

Deshalb muss ihnen unsere Liebe bei den mutigen Schritten, die sie treu, tugendhaft und opferbereit tun, stets den Rücken stärken. In der Bibel heißt es: „Deshalb orientiert euch nicht am Verhalten und an den Gewohnheiten dieser Welt, sondern lasst euch von Gott durch Veränderung eurer Denkweise in neue Menschen verwandeln“ (Römer 12,2). Wenn sich unsere Kinder entschieden haben, diese Herausforderung anzunehmen, sollten wir sie unbedingt dabei unterstützen und ihnen ein gutes Vorbild sein. Dann haben sie weit bessere Chancen, sie erfolgreich zu meistern.

Mit der Liebe unseres himmlischen Vaters und der Liebe ihrer Eltern im Rücken können sie sich absolut sicher sein: „Gott segnet euch, die ihr gehasst und ausgeschlossen und verspottet und verflucht werdet, weil ihr zum Menschensohn gehört. Wenn das geschieht, dann freut euch, springt vor Freude! Denn im Himmel erwartet euch eine große Belohnung" (Lukas 6,22-23). Wenn du sie mit deiner Unterstützung und deiner Begeisterung über Wasser hältst, werden sie eher bereit sein, sich von den vergänglichen und kurzsichtigen Vergnügungen im Leben abund sich stattdessen den ewigen und geistlichen Dingen zuzuwenden (siehe Kolosser 3,1-2).

Unsere Kinder müssen wissen, dass wir ihre allergrößten Fans sind und sie stets auf uns zählen können. Sie brauchen Eltern, die ihren Kopf hochheben und sie dafür loben, dass sie sich entschieden haben, das Böse zu hassen und sich auf die Seite des Guten zu stellen (siehe Römer 12,9). Wir sollten Kinder großziehen, die die Sünde hassen, aber ihren Gott lieben, der sie darauf aufmerksam machen kann, wenn etwas falsch ist – sowohl an ihnen selbst als auch in der Gesellschaft –, und die das Reich Gottes mutig zu ihrem wichtigsten Anliegen machen (siehe Matthäus 6,33).

Zeige deinen Kindern genug Liebe sowohl durch deinen elterlichen Rat als auch dadurch, was dir persönlich Freude macht, dass sie Gehorsam und Wahrheit lieben lernen. Denn auf beidem liegt Segen. Lehre sie, ihr Herz und ihre Hoffnung darauf zu setzen, dem „Ein-Personen-Publikum" im Himmel zu gefallen, ganz gleich was der Rest der Welt von ihnen erwarten mag.

Und wenn du siehst, dass sie Gottes Wort treu in die Praxis umsetzen, dann *freu dich!* Und tu es laut und lange genug, dass sie es hören und sich in ihrem Geist deiner Feier anschließen. Dein Beifall wird sich mit dem Beifall des Himmels vereinen.

DEINE HERAUSFORDERUNG FÜR HEUTE

DENK DARÜBER NACH, WELCHE GUTE CHARAKTEREIGENSCHAFT DU IN JEDEM DEINER KINDER SIEHST – EINE GUTE ARBEITSMORAL, DIE LIEBE ZUR ANBETUNG, EIN SELBSTLOSES HERZ ... VERSUCHE DANN, JEWEILS EINEN BIBELVERS ZU FINDEN, DER SIE ZU DIESER HALTUNG ODER VERHALTENSWEISE ERMUTIGT. ERWÄHNE DIESE EIGENSCHAFTEN VOR DER GANZEN FAMILIE. LIES DIE VERSE VOR, DIE DU DAZU GEFUNDEN HAST, UND SAGE IHNEN, WARUM SIE DICH AN SIE ERINNERN.

❑ Setze hier ein Häkchen, wenn du die heutige Herausforderung bewältigt hast.

Welche Eigenschaften deiner Kinder hast du dir ausgesucht? Wie hast du sie darin ermutigt?

____

____

____

____

Hier sind einige Verse, die für deine heutige Aufgabe in Betracht kommen: Galater 5,22-23; Philipper 2,3-5; Kolosser 3,12-14.

Der Herr richte eure Herzen auf die Liebe zu Gott aus …
(2. Thessalonicher 3,5)

TAG 36

Die Liebe erträgt alles

Ihr habt erlebt, wie der Herr, euer Gott, euch den ganzen langen Weg durch die Wüste bis hierher getragen hat, wie ein Vater sein Kind trägt. (5. Mose 1,31)

Denk einmal an die abenteuerlichen Dinge zurück, die du in deiner Jugend unternommen hast – vielleicht warst du bei manchem gerade so alt wie deine Kinder heute. Sicher werden dir dabei einige Gelegenheiten einfallen, wo du alles andere als liebevoll, freundlich und verantwortungsvoll warst. Wo du kläglich versagt hast, als es darum ging, ein Versprechen zu halten oder einen kühlen Kopf zu bewahren. Sei es aus Versehen, aus Sturheit oder purer Absicht – wir alle haben Dinge getan, die eindeutig falsch waren. Und auf die eine oder andere Weise haben wir letztendlich alle einen Preis dafür bezahlt.

Die Bibel erklärt das folgendermaßen: „Täuscht euch nicht! Macht euch klar, dass ihr Gott nicht einfach missachten könnt, ohne die Folgen zu tragen. Denn was ein Mensch sät, wird er auch ernten“ (Galater 6,7).

Aber denk noch mal an früher: War jemals die Liebe deiner Eltern der Preis, den du für ein Fehlverhalten bezahlt hast? Du magst es vielleicht geglaubt haben, vor allem wenn dein schlechtes Betragen in blanker Rebellion geendet hat. Vielleicht hast du die Geduld deiner Eltern lange Zeit überstrapaziert und sie waren schließlich nicht mehr bereit, dein Verhalten noch länger hinzunehmen. Aber wie auch immer – die Frage, die sich dir heute stellt, lautet: Wie reagierst du, wenn *deine* Kinder dich enttäuschen? In der Bibel heißt es: „Die Liebe erträgt alles …“ (1. Korinther 13,7). Sie bleibt bestehen, was auch geschieht.

Selbst wenn die Entscheidungen deiner Kinder dir großen Schmerz bereiten und dich tief enttäuschen.

Der Teufel wird alles dafür tun, dass unsere Kinder jederzeit die Möglichkeit vor Augen haben, den falschen Weg zu wählen. Genauso wie wir haben auch sie mit ihren menschlichen Schwächen zu kämpfen. Zu manchen Zeiten kann es dem Teufel besonders leichtfallen, sie hinters Licht zu führen. Vielleicht haben sie Schwierigkeiten, ihr Herz und ihre Entscheidungen Gott unterzuordnen, weil sie nicht immer verstehen, dass sein Wort alles beinhaltet, was sie brauchen.

Solche Situationen bieten uns Eltern die Gelegenheit herauszufinden, ob unsere Liebe zu unseren Kindern nur so herzlich ist wie unser gemeinsames Lachen in guten Zeiten oder ob sie tief und umfassend genug ist, dass wir unseren Kindern auch dann zur Seite stehen, wenn sie rebellisch und zerrissen sind. Konzentrieren wir uns voller Zorn darauf, was ihr schlechtes Verhalten *uns* kostet? Oder eilt ihnen unsere Liebe zu Hilfe, um ihnen wieder auf die Beine zu helfen und sie aufzufangen? Sie in Liebe zu ertragen?

Dürfen deine Kinder überhaupt Fehler machen? Dürfen sie in deiner Welt unvollkommen sein? Können sie vom Weg abkommen, ohne dass sie deine Liebe, deine Rückendeckung und deine Vergebung verlieren? Können sie sich dessen ganz sicher sein?

Eltern können großen Einfluss auf ihre Kinder ausüben, aber sie können sie nicht zwingen, sich immer für den richtigen, Gott wohlgefälligen Weg zu entscheiden. Auch den besten Eltern der ganzen Welt kann es passieren, dass ihre Kinder durch rebellische Phasen gehen.

Sogar Gott sagte von seinem auserwählten Volk: „Ich habe Kinder großgezogen und versorgt und durch mich haben sie es zu etwas gebracht, aber sie haben sich von mir abgewandt" (Jesaja 1,2). Später warnte er sie: „Wenn ihr mir bereitwillig gehorcht, werdet ihr die Früchte des Landes essen. Wenn ihr euch aber weigert und widerspenstig seid, werdet ihr durch das Schwert umkommen" (Jesaja 1,19-20).

Einige der größten Lektionen in ihrem Leben werden deine Kinder in den Zeiten lernen, in denen sie geprüft werden und gezwungen sind, die bitteren Konsequenzen ihres Handelns zu schlucken. In solchen Situationen ist es nicht immer gut, ihnen als Eltern sofort zu Hilfe zu eilen und zu verhindern, dass sie den Lohn ihrer Sünden ernten. Tatsächlich durchkreuzt du damit möglicherweise die Pläne des Herrn, der gerade dabei ist, deine Kinder strategisch zurechtzuweisen (siehe Hebräer 12,5-6). Gedankenlos schreiten Eltern allzu oft ein, nehmen die Schuld auf sich und sabotieren damit unwissentlich die Lektion, die Gott ihren Kindern erteilen will.

Wann sollten Eltern nun also disziplinarische Maßnahmen ergreifen und wann sollen sie Mitgefühl und Barmherzigkeit zeigen?

In der Bibel heißt es: „Gott stellt sich den Stolzen entgegen, den Demütigen aber schenkt er Gnade" (Jakobus 4,6). Der Schlüssel heißt *Demut*.

Jesus beschrieb das Herz unseres himmlischen Vaters anhand der Geschichte vom verlorenen Sohn: Der Sohn verlangte in seinem Hochmut von seinem Vater, ihm sein Erbe sofort auszubezahlen. Doch dann verprasste er alles sinnlos, landete schließlich ohne einen Cent in der Tasche im Schweinekoben und aß deren Futter.

Sein Vater half ihm nicht. Nicht solange er an seinem Hochmut festhielt. Doch schließlich kam der Sohn wieder zur Vernunft und machte sich demütig auf den Weg nach Hause. Und was passierte dann? „Er war noch weit entfernt, als sein Vater ihn kommen sah. Voller Liebe und Mitleid lief er seinem Sohn entgegen, schloss ihn in die Arme und küsste ihn" (Lukas 15,20).

Der Vater nahm ihn nicht mit einer Strafpredigt in Empfang. Er konnte die Demut und die Zerbrochenheit in seinem Sohn sehen und sagte: „Schnell! Bringt die besten Kleider im Haus und zieht sie ihm an. … Und schlachtet das Kalb, das wir im Stall gemästet haben, denn mein Sohn hier war tot und ist ins Leben zurückgekehrt. Er war verloren, aber nun ist er wieder gefunden“ (Lukas 15,22-24).

Mit dieser wunderbaren Geschichte beschrieb Jesus, welch unermessliche Gnade unser himmlischer Vater im Herzen trägt. Und dieselbe Gnade sollten auch wir im Herzen haben.

Gott streckte sich immer wieder nach den Menschen aus, die er erwählt hatte – nicht weil er schwach und nachgiebig war, sondern aus unerschütterlicher Liebe. In seiner Gnade bedeckte er ihre Schuld und segnete sie überreich. Sie hatten immer ein Zuhause, in das sie zurückkehren konnten. Er war ihr Zuhause.

Die Liebe sagt: „Ich werde dich nicht auf Kaution aus dem Gefängnis holen, aber ich werde dich besuchen, solange du dort bist, und dich voller Freude in die Arme schließen, wenn du zur Vernunft gekommen bist und nach Hause zurückkehrst.“

Rebellische Kinder können ihren Eltern das Herz brechen. Sie können großen Zorn und Verwirrung verursachen. Aber letztendlich kann deine Liebe das alles auch weiterhin ertragen. Sie verhindert, dass du in deiner Zerbrochenheit verbitterst. Deine Liebe hilft dir, auch die harte Wahrheit zu sagen und deine Kinder immer und immer wieder dem Herrn anzuvertrauen. Eine ganze Armee von Fürbittern zu mobilisieren. Im Gebet Himmel und Erde für sie in Bewegung zu setzen. Vielleicht musst du Gott erst darum bitten, deine Kinder angemessene Konsequenzen spüren zu lassen, bevor er sich ihrer erbarmt und sie aus ihrer misslichen Lage befreit. Aber wenn sie schließlich wieder zur Vernunft kommen und nach Hause zurückkehren, muss deine Liebe mit weit geöffneten Armen in der Tür stehen, um sie in Empfang zu nehmen.

DEINE HERAUSFORDERUNG FÜR HEUTE

WENN EINES DEINER KINDER GERADE IN AUFRUHR IST UND EINE VERWIRRENDE PHASE DURCHLÄUFT, SCHREIBE IHM EINE KURZE NOTIZ, MIT DER DU ES DEINER BESTÄNDIGEN LIEBE, DEINER GEBETE UND DEINER UNTERSTÜTZUNG VERSICHERST. SAGE ALLEN DEINEN KINDERN, DASS DEINE LIEBE ZU IHNEN NIE AUFHÖREN WIRD, WAS AUCH PASSIERT. FRAGE SIE, OB ES HEUTE ETWAS GIBT, BEI DEM DU IHNEN HELFEN KANNST.

❑ Setze hier ein Häkchen, wenn du die heutige Herausforderung bewältigt hast.

Was an deinen Kindern fordert deine Liebe zu ihnen gerade am meisten heraus? Beruft dich die Liebe zu etwas, das du noch nie vorher getan hast? Wozu?

Vierzig Jahre lang hat er es [das Volk Israel] in der Wüste ertragen. (Apostelgeschichte 13,18)

TAG 37

Die Liebe erfüllt Träume

Ich bin gern bereit, mich selbst und alles, was ich habe, für euch zu opfern. (2. Korinther 12,15)

Gott liebt verschwenderisch. Er kennt keine Grenzen. Er hat Freude daran, seine Liebe großzügig und ohne Maß über uns auszugießen. In der Bibel heißt es, „er hat uns mit Gnade überhäuft" (Epheser 1,8) und uns „das Leben in ganzer Fülle" geschenkt (Johannes 10,10).

Und wir sind als seine Jünger dazu berufen, anderen Menschen dieselbe verschwenderische Liebe zu zeigen. Wir sollen ihnen mehr geben, als sie von uns erbitten, wir sollen noch eine Meile weiter mit ihnen laufen als verlangt und ihre Erwartungen deutlich übertreffen (siehe Matthäus 5,39-45). In der Bibel lesen wir, dass Gott fröhliche Geber liebt (siehe 2. Korinther 9,7) – Menschen, denen es große Freude bereitet, andere reich zu beschenken.

Denk jetzt einmal an jedes deiner Kinder. Was würden sie von Herzen gerne haben oder tun? Was möchten sie unbedingt erleben oder lernen? Wen würden sie gerne kennenlernen? Was würde sie veranlassen zu sagen: „Das ist der schönste Tag meines Lebens!"?

Kinder zu erziehen muss nicht bedeuten, dass wir ständig auf der Suche nach einem weiteren kreativen Grund sind, warum etwas *nicht* geht. Stell dir nur die Reaktion deines Sohnes oder deiner Tochter vor, wenn du ihnen als Nächstes einen sehr großen Wunsch erfüllen würdest – etwas, was sie nicht im Traum erwarten und von dem sie überzeugt sind, dass du das niemals für sie tun würdest.

Auf welches unerwartete Geschenk für dein Kind könntest du jetzt anfangen zu sparen? Was würde es so sehr überraschen, dass es sich von deiner Liebe geradezu überwältigt fühlt? Ein Fahrrad? Ein Trampolin? Ein Hundewelpe? Ein Auto? Was für einen Familienausflug könntest du heimlich organisieren? Einen Tag im Vergnügungspark? Ein Campingwochenende? Eine Fahrt im Heißluftballon?

Liebe muss manchmal verschwenderisch sein. Ihr Äußerstes geben. Alle Bedenken über Bord werfen, die Schleusen der Großzügigkeit öffnen und jemandem überraschend Gutes tun – aus purer Freude. Der gesunde Menschenverstand sagt uns, dass wir unseren Kindern nicht jeden Wunsch erfüllen können. Schließlich sind unserem Geld und unserer Zeit Grenzen gesetzt. Aber nicht alles, was dein Kind sich wünscht, hat einen stolzen Preis. Manchmal sind es kleine Dinge, die große Freude machen. Freude gibt es eben in allen Größen, Formen und Farben.

Vielleicht hast du ein Vorschulkind, dessen Tag bereits perfekt ist, wenn du ihm sein Lieblingsessen kochst und danach mit ihm auf den Spielplatz gehst. Dein Sohn im Teenageralter wünscht sich vielleicht einfach nur, dass du im Garten mit ihm Fußball spielst. Deiner Tochter läuft vielleicht bereits das Herz über, wenn du nur ihren Kleiderschrank aufräumst oder sie schick gekleidet in ein Restaurant zum Essen ausführst. Welche ihrer Wünsche kannst du tatsächlich erfüllen?

Und was ist mit längerfristigen Investitionen?

Der allmächtige Gott hat deinen Kindern Wünsche und Träume ins Herz gelegt, die sie ihr Leben lang begleiten werden. Große Hoffnungen und Leidenschaften, die ihre einzigartigen Gaben und Talente eines Tages zur vollen Entfaltung bringen werden. Deine Kinder mögen sich vielleicht nicht jeden Tag mit ihnen befassen, aber wenn sie es tun, beflügelt es ihr Herz und lässt sie hoffen. *Was wäre, wenn … Ich frage mich … Ich wäre begeistert ... Eines Tages ...* Wahrscheinlich haben sie schon seit du denken kannst eine Vorliebe für diese bestimmten Dinge. Und als sie älter geworden sind, hat sich ihre Aufmerksamkeit vermutlich auf bestimmte Aspekte ihres Interessengebietes konzentriert. Sie verbringen viel Zeit damit zu forschen und zu lernen. Sie wollen besser darin werden. Und sie können einfach nicht anders, als darüber zu reden.

Es würde dir sicher nicht schwerfallen, ein solches leidenschaftliches Interesse – oder gleich mehrere – zu benennen, das spontane Begeisterung in ihren Augen aufblitzen lässt. Vielleicht würden sie gerne angeln lernen. Eine neue Sportart betreiben oder ein Instrument spielen. Eine Missionsreise machen. Eines Tages Filmregisseur werden.

Wir alle kennen das ein oder andere Extrem: Es gibt Eltern, die ihre neunjährigen Kinder schon für eine Karriere als olympische Athleten trimmen wollen. Andere verplanen die kompletten Sommerferien ihres Kindes mit Camps und Wettkämpfen, damit es seine Fähigkeiten entwickelt und verbessert. Natürlich können und sollen nicht alle Eltern ihre Kinder derart ehrgeizig fördern. Doch auf der anderen Seite warnt uns die Liebe davor, die Träume unserer Kinder auf die leichte Schulter zu nehmen oder sie aus Mangel an unserer Unterstützung einen langsamen Tod sterben zu lassen. Die Liebe wiegt den Einsatz, den wir für die Träume unserer Kinder zeigen, und alles andere, was sonst unsere Zeit und Aufmerksamkeit bekommt, gegeneinander auf. Aus Liebe sind wir entschlossen, alles uns Mögliche zu tun, um das zu fördern, was Gott in ihnen angefangen hat.

Jesus forderte seine Jünger auf: „Sammelt eure Reichtümer im Himmel ... Denn wo dein Reichtum ist, da ist auch dein Herz" (Matthäus 6,20-21).

Aber überleg doch einmal, ob du nicht unter deinem eigenen Dach „Reichtümer im Himmel" hast? Jungen und Mädchen, deren Geist eines Tages für immer bei Gott sein wird ... im Himmel? Warum sollte es keine Investition mit Bedeutung für die Ewigkeit sein, wenn du mit großer Hingabe und Risikobereitschaft deine Zeit und dein Geld in ihre Träume investierst?

Manche würden sagen, dass wir unsere Kinder so nur verziehen. Und das *würden* wir auch, wenn wir zuließen, dass sie selbstsüchtige Forderungen an uns stellen und sich verhalten, als sei das ihr gutes Recht. Aber wir müssen auch bedenken, dass wir einen himmlischen Vater haben, der uns aus freien Stücken großzügig beschenkt (siehe Römer 8,32) und nur die Dinge zurückhält, von denen er weiß, dass sie nicht gut für uns sind. Wenn wir unseren Kindern so oft Nein antworten, dass wir schon gar nicht mehr auf die Idee kommen, auch einmal Ja zu sagen, lieben wir unsere Kinder nicht mit der Liebe unseres Vaters.

Wir fordern dich heraus, groß zu denken – überschütte deine Kinder mit deiner Liebe und Freundlichkeit, indem du etwas ganz Besonderes für sie tust. Übertriff alle ihre Erwartungen und überrasche sie damit, wie aufmerksam du auf ihre Wünsche und Sehnsüchte geachtet hast. Auch wenn es um etwas geht, das dich selbst nicht sonderlich interessiert – denk immer daran, was für eine starke Verbindung du zu ihrem Herzen aufbauen kannst, wenn du etwas Außergewöhnliches für deine Kinder tust.

Nimm die Wünsche und Träume deiner Kinder ernst. Überlege dir, was du tun kannst, um sie erfüllen zu helfen oder wie du deinen Kindern bei ihrer Verwirklichung zur Seite stehen kannst. Sprich mit ihnen über die verschwenderische Liebe ihres himmlischen Vaters und beschreibe sie ihnen in lebendigen Farben.

DEINE HERAUSFORDERUNG FÜR HEUTE

FANG AN ZU PLANEN, WIE DU DEINEN KINDERN EIN BESONDERES GESCHENK MACHEN ODER IHNEN EIN LANG ERSEHNTES ERLEBNIS ERMÖGLICHEN KANNST, DAS SIE ÜBERWÄLTIGEN WIRD. ERMUTIGE SIE IN IHRER LEIDENSCHAFT FÜR EINES IHRER GRÖSSTEN INTERESSENGEBIETE. SEI KREATIV UND GROSSZÜGIG UND ZIEH DIE SACHE BIS ZUM ENDE DURCH.

❑ Setze hier ein Häkchen, wenn du die heutige Herausforderung bewältigt hast.

Welches Geschenk willst du deinem Kind machen oder welche Erfahrung willst du ihm ermöglichen, wie Zeit mit ihm verbringen? Wie kannst du diese Überraschung möglichst kreativ gestalten?

Welches Interessengebiet ist dir eingefallen, in dem dein Kind mit großem Eifer dabei ist?

Denn die Kinder sollen nicht für die Eltern Schätze sammeln, sondern die Eltern für die Kinder. (2. Korinther 12,14; Elberfelder)

TAG 38

Die Liebe befreit

Und nun vertraue ich euch Gott und dem Wort seiner Gnade an. (Apostelgeschichte 20,32)

„Das erklärt, warum ein Mann seinen Vater und seine Mutter verlässt und sich an seine Frau bindet und die beiden zu einer Einheit werden“ (1. Mose 2,24).

In diesem Vers tauchen die Wörter *Mutter* und *Vater* zum ersten Mal in der Bibel auf. Und überraschenderweise wird hier nicht nur eine vereinte Familie beschrieben, sondern auch eine Familie, die sich trennt – ein Sohn verlässt den Schutz seines Zuhauses, um seine Frau zu heiraten. In seiner neuen Familie wird sich dieser Prozess dann wiederholen und so wird es wieder und immer wieder geschehen, über ungezählte Generationen hinweg.

Unsere Kinder werden so schnell erwachsen – viel schneller, als wir es erwarten. Es ist so normal für uns geworden, dass Kinder im Haus sind, dass wir es uns gar nicht mehr anders vorstellen können. Doch jetzt müssen wir zusehen, wie sie sich immer mehr von uns abnabeln und uns schließlich verlassen. So viele Jahre lang haben wir ihnen jeden Tag unsere Liebe geschenkt, sie auf das Leben vorbereitet und in sie investiert. Wir haben ihre Entwicklung beobachtet: Dreiräder, Roller, Fahrräder, das erste Auto. Von dem wir jetzt die Rücklichter sehen.

Die Zeit zieht vorbei wie ein Nebel. Ein warmer Atemhauch in eisiger Kälte. Wenn Kinder erwachsen sind und ihr Zuhause verlassen, beginnt für ihre Eltern ein neuer Lebensabschnitt, den sie bereitwillig und mutig willkommen heißen sollten. In Wirklichkeit wollen wir gar nicht, dass unsere Kinder für immer klein bleiben und von uns abhängig sind. Und doch sehnt sich ein großer Teil von uns danach zurück, wenn sie es nicht mehr sind.

Das Wissen, dass unsere Kinder irgendwann einmal auf eigenen Füßen stehen werden, ist für uns Eltern allgegenwärtig. Es schleicht sich an jedem Weihnachtsfest, jedem Geburtstag und mit dem Beginn jedes neuen Schuljahres in unsere bewussten Gedanken ein. Und jedes Mal rückt es ein Stück näher. Näher als wir uns eingestehen wollen und näher als wir glauben emotional verkraften zu können.

Aber im Grunde ist es genau das, worin unsere Aufgabe als Eltern besteht – wir müssen unsere Kinder auf den Tag vorbereiten, an dem sie unsere Obhut verlassen und als junge Erwachsene die Verantwortung für sich selbst übernehmen. Auf den Moment, in dem sie ihre Flügel ausbreiten und in die Welt und ihre eigene Zukunft fliegen. Wenn du darüber nachdenkst, wird dir auffallen, dass ein großer Teil all dessen, was wir Eltern für unsere Kinder tun, darauf abzielt ihnen beizubringen, wie sie unabhängig von uns werden und auf eigenen Füßen stehen können.

Deshalb darf die Liebe vor dieser Herausforderung nicht zurückschrecken – sie muss sich ihr stellen. Sie muss uns dazu zwingen vorauszudenken und in jedem Lebensabschnitt unserer Kinder zu entscheiden, was das Beste für sie ist, damit auch auf lange Sicht Gottes Pläne für sie zum Tragen kommen. Die Liebe lässt sich nicht so sehr von unserem Alltagstrott und unserem Tagesplan gefangen nehmen, dass sie aus den Augen verliert, wohin all unsere Bemühungen uns führen sollen – wohin sie *unsere Kinder* führen sollen. Die Liebe verfügt über eine gute Weitsicht und zuckt nicht erschrocken zurück, wenn wir von ihr Gebrauch machen sollten.

Wenn unsere Kinder älter werden – vor allem, wenn sie in die Teenagerjahre kommen –, sollten wir ihnen nach und nach immer mehr Vorrechte einräumen, ihnen gleichzeitig aber auch mehr Verantwortung übertragen. Umfangreichere Aufgaben. Schwierigere Arbeiten. Zusätzliche Freiheiten. Natürlich erst wenn ihre Reife und ihr Urteilsvermögen es erlauben und immer in einem angemessenen, moderaten Tempo.

Statt ihnen alles abzunehmen, lassen wir sie aus Liebe lernen, selbstständiger zu werden und mit vielen Dingen allein zurechtzukommen. Statt ihnen Möglichkeiten vorzuenthalten – auch diejenigen, vor denen sie sich vielleicht fürchten – lässt die Liebe jetzt zu, dass sie etwas wagen und dabei auch Risiken eingehen. Doch nur dann, wenn sie sich innerhalb eines geschützten Rahmens bewegen, in dem es keine großen Wellen schlägt, wenn sie scheitern, sondern sie fürs Leben lernen lässt. Am Ende sollte es nichts mehr geben, das sie nicht ohne unsere Hilfe tun können. Nur dann sind sie wirklich darauf vorbereitet, ihr Zuhause zu verlassen.

Jesus erklärte seinen Jüngern dieses Prinzip im Gleichnis von den Talenten. Ein kluger Mann händigte dreien seiner Knechte jeweils einen unterschiedlichen Geldbetrag aus und trug ihnen auf, ihn klug zu investieren. Er gab jedem von ihnen genau den Betrag, von dem er wusste, dass er damit umgehen konnte. Später belohnte er diejenigen, die ihren Anteil klug verwaltet und vermehrt hatten, indem er ihnen eine noch größere Summe anvertraute. Er sagte: „Du bist mit diesem kleinen Betrag zuverlässig umgegangen, deshalb will ich dir größere Verantwortung übertragen" (Matthäus 25,21).

Auch was die Zukunft betraf, ließ Jesus seine Jünger nicht im Unklaren, sondern bereitete sie während seines Dienstes auf der Erde ganz bewusst darauf vor. Das Johannesevangelium enthält vier ganz besondere Kapitel, die fast ein Fünftel des gesamten Buchs ausmachen (Kapitel 14-17). Darin sprach Jesus mit seinen Jüngern ausschließlich darüber, was in der Zukunft passieren würde, und erklärte ihnen, wie sie damit umgehen konnten, wenn er nicht mehr an ihrer Seite war.

Er gab ihnen klare Anweisungen und ermutigte sie. Er versprach ihnen, dass er nie aufhören würde sie zu lieben und dass der Heilige Geist schon bald kommen würde, um von da an immer bei ihnen zu sein. Er versicherte ihnen, dass sie auf alles vorbereitet waren und sein volles Vertrauen genossen. Und er betete von ganzem Herzen für ihren Schutz, ihren Erfolg und ihren Einfluss in der Welt.

Für uns Eltern ist es eine große Ehre, mit derselben Weitsicht in unsere Kinder zu investieren – aus Liebe. Wir sollten ihnen klarmachen, was sie in der Zukunft erwartet und worauf wir sie vorbereiten. Wir sollten ihnen versprechen, dass wir an ihrer Seite sind, wenn sie ihre ersten Gehversuche machen. Wir sollten ihnen erste Ziele vorgeben, auf die sie hinarbeiten können, und sie wissen lassen, dass wir ihnen dabei zusehen und sie anfeuern – und ihnen mehr anvertrauen, wenn sie sich bewährt haben. Und dann sollten wir für sie beten, als gäbe es kein Morgen, weil wir wissen, dass sie das eine mehr brauchen als Selbstvertrauen, Erfolg oder unsere elterliche Unterstützung: nämlich wieder und wieder die Erfahrung zu machen, dass sie ihrem himmlischen Vater, der immer ihr Ratgeber sein und sie führen wird, uneingeschränkt vertrauen können.

Es ist schwer, unsere Kinder in die Selbstständigkeit zu entlassen. Aber das ist unsere Aufgabe. Bereite sie gut darauf vor. Dann ist dem, was sie in ihrem Leben erreichen können, keine Grenze gesetzt.

DEINE HERAUSFORDERUNG FÜR HEUTE

ÜBERLEGE DIR, WELCHE ZUSÄTZLICHE VERANTWORTUNG DU JEDEM DEINER KINDER ÜBERTRAGEN UND WELCHES VORRECHT DU IHNEN EINRÄUMEN KÖNNTEST. ERKLÄRE IHNEN GENAU, WAS DU VON IHNEN ERWARTEST UND WIE ES SICH FÜR SIE AUSZAHLEN WIRD, WENN SIE SICH AN DEINE VORGABEN HALTEN. WENN DEINE KINDER SCHON ÄLTER SIND UND NICHT MEHR ZU HAUSE WOHNEN, RUF SIE HEUTE AN UND ERINNERE SIE DARAN, DASS DU SIE LIEBST, AN SIE GLAUBST UND STOLZ AUF SIE BIST.

❑ Setze hier ein Häkchen, wenn du die heutige Herausforderung bewältigt hast.

Welche Verantwortlichkeiten hast du deinen Kindern übertragen? Wie haben sie darauf reagiert? Unter welchen Voraussetzungen könntest du das öfter tun?

Wie du mich in die Welt gesandt hast,
so sende ich sie in die Welt. (Johannes 17,18)

TAG 39

Die Liebe hört nie auf

Ich habe dich schon immer geliebt. (Jeremia 31,3)

Als Mutter oder Vater bist du in eine ganz neue Rolle geschlüpft. Du begreifst die Liebe jetzt auf eine Weise, wie es dir vorher unmöglich gewesen wäre. Du hast dein eigenes Kind in den Armen gehalten. Du hast den Kummer und die Ängste deiner Kinder mit Umarmungen und Küssen vertrieben. Du hast über ihre unvergesslichen Stilblüten gelacht und bist quer durch den Garten zu ihnen gerannt, um sie vor einem drohenden Unfall zu bewahren. Du hast ihnen hinterhergeräumt, sie mit Schuhen und Kleidern versorgt, sie ernährt und ihnen unzählige Gläser Wasser gebracht, nachdem du abends mit ihnen gebetet hast.

Komisch – dabei warst du dir vielleicht einmal sehr unsicher, ob du überhaupt schon Kinder haben willst. Damals wusstest du vielleicht nicht, ob du wirklich schon bereit bist, die Verantwortung für einen Sohn oder eine Tochter zu tragen. *Aber nun sieh dir an, wie sehr du dich verändert hast. Was für eine tiefe Liebe du jetzt zu deinen Kindern empfindest.*

Aber was ist, wenn sich eins deiner Kinder von dir abwendet und deine Liebe zurückweist? Wenn sie sich verändern und dich wegstoßen? Wenn sie anfangen, deine liebevollen Absichten falsch zu interpretieren und dir vorwerfen, dass deine Ansprüche viel zu hoch sind und du sie tyrannisierst und kontrollierst? Was ist, wenn sie als Reaktion auf deine Schwächen und Fehler beschließen, dass sie deine Liebe gar nicht mehr wollen, dir nicht mehr glauben und vertrauen und dir sagen, dass du dich aus ihrem Leben und ihren Angelegenheiten heraushalten sollst? Wenn sie so weit von ihrem Weg abdriften, dass du sie fast nicht mehr wiedererkennst und nichts an dem, was aus ihnen geworden ist, noch deine Zustimmung findet?

Was glaubst du würde *Gott* in einer solchen Situation tun? Was hat seine Liebe in der Vergangenheit getan?

Das Wort, das in der Bibel am häufigsten verwendet wird, um Gottes Liebe zu beschreiben, lautet *Gnade*. Seine Liebe ist *treu*. Sie *bleibt*. Sie hat keine Grenzen. Sie kennt weder Raum noch Zeit. Seine Liebe ist überfließend und fest gegründet.

Sie ist unveränderlich.

Die Erde ist voll von seiner Gnade (siehe Psalm 33,5); sie ist so weit wie der ganze Himmel (siehe Psalm 36,6). Seine Gnade hört niemals auf (siehe 1. Chronik 16,34), sie umgibt uns alle Tage unseres Lebens (siehe Psalm 23,6) und in der Nacht begleitet uns sein Lied (siehe Psalm 42,9). „Lobt Gott, der mein Gebet ernst nimmt und mir seine Gnade nicht entzogen hat" (Psalm 66,20). Seine Liebe hört nie auf.

Gottes Liebe versäumt es auch niemals, denjenigen, die er liebt, Trost und Zuversicht zu schenken. Wir Menschen geben vielleicht nicht immer zu, dass wir seine Liebe brauchen oder wollen. Vielleicht glauben wir nicht einmal, dass sie da ist, aber dennoch sind wir immer mit ihrer Gegenwart gesegnet.

Ist Gott immer noch heilig und ausgesondert? Ja.

Hat er immer noch Macht? Sollte man ihn immer noch fürchten? Ja.

Ist es ein Fehler, ihn nicht ernst zu nehmen? Absolut.

Doch Gottes Liebe bleibt bestehen und wir können immer auf seine Gnade vertrauen (siehe Psalm 13,6). Sie ist unerschütterlich und bewahrt uns deshalb davor, erschüttert zu werden (siehe Psalm 21,8). Seine Gnade bietet uns Schutz, wir können uns immer bei ihm bergen (siehe Psalm 36,8). Sie ist eine Festung, eine Zuflucht (siehe Psalm 59,17), sie lässt uns blühen und gedeihen (siehe Psalm 52,10).

Deshalb laufen wir jederzeit zu ihm hin und fliehen nicht vor seinen heiligen Augen und seinem Urteil. Seine vollkommene Liebe streckt sich nach unseren zitternden Herzen aus, damit wir in seinen väterlichen Armen Frieden und Gnade finden.

Deshalb kannst du auch zu Gott gehen, wenn du als Vater oder Mutter gerade deine schlimmsten und schwächsten Momente erlebst, und in ihm die Kraft finden, deine Kinder weiterhin zu lieben. Auch wenn sie sich gegen dich auflehnen oder sich von dir abwenden, kann Gottes Geist dir das geben, was du nicht mehr fühlst und auch niemals selbst produzieren könntest. Er kann dich mit seiner unveränderlichen und unendlichen Liebe erfüllen (siehe Römer 5,1-5). Deine Fähigkeit, deine Kinder auch in schwierigen Zeiten zu lieben, hat mehr damit zu tun, *ihm* nahe zu bleiben, als von *ihnen* begeistert zu sein.

Auch wenn deine Kinder nach Gottes Willen leben und dem Herrn eng verbunden bleiben, werden sie Fehler machen, und es wird immer wieder Zeiten geben, in denen sie zu kämpfen haben. Und solange du atmest, möchte Gott, dass du in diesen Stunden ein ruhender Pol für sie bist und ihnen seine Liebe zeigst.

Vater oder Mutter zu sein ist eine langfristige Aufgabe, ein Vertrag auf Lebenszeit. Beachte, dass fast jeder Vers über die Liebe und Gnade Gottes, der in diesem Kapitel zitiert wurde, aus dem Alten Testament stammt – das sind die Seiten der Bibel, in denen viele nur Gottes Zorn und sein hartes Gericht sehen. Doch seine Liebe war auch damals schon überwältigend groß und ohne Ende. Durch das Leben von Jesus Christus ist sie Fleisch geworden – er wurde für unsere Sünden geopfert und hat durch das Kreuz den Fluch des Todes über uns besiegt. Deshalb hat seine Liebe auch heute nichts von ihrer Kraft verloren und sie wird nie zu Ende sein bis in alle Ewigkeit.

Als Gott dir Kinder geschenkt hat, hat er dir damit auch die Gelegenheit gegeben, einen kurzen Blick auf seine Liebe für *seine* Kinder zu werfen. Wenn wir also Gottes Liebe betrachten, erkennen wir, wie unsere eigene Liebe aussehen sollte: eine Liebe, die nicht davon abhängig ist, wie sich der geliebte Mensch verhält, und die sich nicht darum kümmert, welches Temperament oder welche Herzenshaltung er mitbringt. Eine Liebe, die allein von demjenigen abhängt, der liebt.

Die Liebe zu unseren Kindern ist ein Versprechen. Ein Bund. Eine Entscheidung fürs Leben. Die Zeiten werden sich verändern und mit ihnen die Bedürfnisse unserer Kinder. Das Leben wird uns nicht immer die Gelegenheit bieten, sie hochzuheben, in die Arme zu schließen und sie zu halten, bis sie sich beruhigt haben und unsere Liebe zu ihnen durchdringen kann. Manchmal muss unsere Liebe einfach in der Distanz verharren und ihnen beweisen, dass sie in jeder Situation bestehen bleibt und niemals vergeht.

Die Liebe ist ihrem Wesen nach unendlich. Gottes Liebe ist bereits das, was sie immer sein wird. Sie hat kein Ende. Sie liebt immer. Und wenn du dein Leben mit ihm lebst, kannst du deine Kinder an dieser Liebe teilhaben lassen, denn seine Liebe hört niemals auf (siehe 1. Korinther 13,8).

DEINE HERAUSFORDERUNG FÜR HEUTE

NIMM DIR HEUTE EIN PAAR MINUTEN ZEIT, UM ÜBER GOTTES LIEBE ZU DIR NACHZUDENKEN. SO SEHR DU DEINE KINDER AUCH LIEBEN MAGST – ER LIEBT SIE UND AUCH DICH NOCH VIEL MEHR. DANKE IHM FÜR SEINE LIEBE UND BITTE IHN, DIR ZU HELFEN, DASS DEINE KINDER SEINE LIEBE JEDEN TAG IN DIR SEHEN UND SPÜREN KÖNNEN. SAG DEINEN KINDERN DIESE WOCHE, DASS DU SIE LIEBEN WIRST – EGAL WAS SIE TUN, WOHIN SIE AUCH GEHEN ODER WAS IMMER MIT IHNEN GESCHEHEN WIRD. DAS IST DAS WESEN DER LIEBE GOTTES ZU DIR UND DAMIT AUCH DER LIEBE, DIE DU AN DEINE KINDER WEITERGIBST.

❑ Setze hier ein Häkchen, wenn du die heutige Herausforderung bewältigt hast.

Wie hat Gott dir und deiner Familie in der Vergangenheit seine Liebe gezeigt? Schreib auf, was dir einfällt.

Wer weise ist, der achte auf diese Dinge,
und er wird erkennen, wie die Gnade des Herrn
in der Geschichte am Werk ist. (Psalm 107,43)

TAG 40

Die Liebe hinterlässt ein Vermächtnis

... das, was du für deine Kinder getan hast, soll nicht vergeblich gewesen sein. (*Jeremia 31,16*)

Es gibt keine „perfekten Eltern" – nur Männer und Frauen, die das Herz auf dem rechten Fleck haben und ihre Kinder bis zu ihrem letzten Atemzug lieben. Ihre Liebe ist da, wenn den Kleinen die Milchzähne ausfallen und sie mit aufgeschlagenen Knien und Blutergüssen nach Hause kommen. Aus Liebe schmieren sie unzählige Schulbrote, helfen noch spätabends bei den Hausaufgaben und schlichten Konkurrenzkämpfe unter Geschwistern.

Während wir versuchen, alles am Laufen zu halten und diese Zeit ohne größere Katastrophen zu überstehen, fühlt es sich manchmal an, als wären wir in einem endlosen Kreislauf gefangen. Aber die Liebe lässt uns erkennen, dass wir tatsächlich dabei sind, etwas Großartiges aufzubauen – ein VERMÄCHTNIS.

Ein starkes Familienerbe. Eine Investition in die zahllosen Generationen, die uns nachfolgen werden. Diese Vision kann uns die Liebe wieder vor Augen malen, wenn wir nachts endlich zur Ruhe kommen: Wir haben die Aussicht, künftige Generationen zu Kriegern und Siegern heranzubilden und sie auf Jahre hinaus zu segnen. Und das tun wir jeden Tag, indem wir Opfer bringen, voller Erwartung träumen und gleichzeitig hart arbeiten.

Aber all das wird auf Liebe aufgebaut, denn die Liebe ist der Kern des Vermächtnisses, das du ihnen hinterlassen wirst.

Seine Kraft liegt nicht nur in eurem Familiennamen oder in der DNA, die du deinen Kindern weitergibst. Dein Vermächtnis der Liebe wird noch lange Zeit auf vielerlei Weise zu ihnen sprechen, zum Beispiel durch deine *Weisheit*.

Du glaubst vielleicht, dass du in dieser Hinsicht nicht viel zu hinterlassen hast, an das man sich zurückerinnern könnte. Aber die kostbarsten Weisheiten finden sich meist nicht in einstudierten Textzeilen oder beeindruckenden Ansprachen, sondern vielmehr in den spontanen Bemerkungen, die du beim Zubettgehen, beim Essen oder im Auto gemacht hast. Die du deinem Kind ins Ohr geflüstert hast, als es in einer Krise steckte. An diese Worte werden sie sich zurückerinnern und sie eines Tages in die Ohren deiner Urenkel flüstern. Auch wenn diese nicht wissen, woher sie stammen, werden sie ihre Wirkung spüren. Indem du deinen Sinn jetzt auf Gottes Wort ausgerichtet hältst, seine Gedanken zu deinen machst, deine Erfahrungen und Erinnerungen im Licht seiner Wahrheit betrachtest und sie dann deinen Kindern vermittelst, kannst du ihnen einen Schatz hinterlassen, der es wert ist, weitergegeben zu werden. Das ist ein Teil deines Vermächtnisses.

Deine Liebe wird außerdem Bestand haben durch dein *Vorbild*. Wann immer du dich bemühst, einen Streit oder eine Auseinandersetzung in eurer Familie zu schlichten und die erhitzten Gemüter zu beruhigen, sehen deine Kinder an dir Geduld und Umsicht. Wenn du früh aufstehst, um zu beten und auf Gott zu hören, lebst du ihnen vor, wie der Glaube einem Menschen Orientierung für seinen Tag geben kann. Indem du dich für das entscheidest, was dir in einem bestimmten Moment als das Richtige und Beste erscheint, lehrst du deine Kinder Moral. Auch wenn du hin und wieder etwas falsch machst, werden deine Kinder letztendlich das an ihre Nachkommen weitergeben, was du richtig gemacht hast. Du hinterlässt ein Vermächtnis.

Weiterbestehen wird deine Liebe auch durch deine *Anbetung*. Im Lauf ihres Lebens wird es Hunderte von Dingen geben, die deine Kinder verlocken – Geld, Beliebtheit, Unterhaltung. Jeder Verkäufer, jeder Politiker und jeder Verehrer wird ihnen den schlagenden Beweis dafür liefern, warum er ihre Aufmerksamkeit wert ist. Aber auch wenn deine Kinder mit zunehmendem Alter ihre eigenen Entscheidungen treffen, werden sie immer davon beeinflusst sein, was nach *deinem* Glauben wirklich wichtig ist. Sie werden sich daran erinnern, wie du Gott geliebt und angebetet hast. Wie du dich ihm und seinem Willen gefügt hast. Wie du deine Identität von ihm – und nicht von der Meinung anderer – hast formen lassen.

Das alles ist ein Teil des Vermächtnisses, das du deinen Kindern hinterlässt. Und falls das bisher nicht so war, dann kann es das noch werden.

Du kannst im Lauf der Jahre immer wieder die Stimme im Herzen deiner Kinder sein, die sie bestätigt und darin bestärkt, in ihrem Leben den nächsten Schritt zu gehen – auf einem guten und gesunden Weg. Du kannst immer ein offenes Ohr für sie haben und ihnen mit Rat und Tat zur Seite stehen, wenn sie Entscheidungen treffen müssen, mit denen sie überfordert sind. Du kannst ihnen unerwartet zu Hilfe kommen oder sie mit einem größeren Geldbetrag segnen, der ihnen ihre Last erleichtert oder eine bestehende Krise abmildert. Du kannst beten und beten und niemals aufhören zu beten. Und wenn du das alles getan hast, kannst du wieder von vorn beginnen und dasselbe für deine Enkelkinder tun, sofern die Gelegenheit dazu da ist und deine vorhandenen Mittel es zulassen.

All das geschieht, weil Gottes Liebe jeden Tag von Eltern an ihre Kinder weitergegeben wird. Sie ist immer da. Sie haben sie immer im Hinterkopf. Und sie lässt sie immer Bestätigung, Zuneigung und Gnade spüren. Was mit Windeln und Kinderwagen beginnt, wird zu einem lebenslangen Dienst und einem

Auftrag, bei dem du dich selbst und deinen Glauben in einen der ganz wenigen Bereiche investierst, in dem sich die Auswirkungen deines Engagements über ganze Generationen hinweg zeigen.

Dein Körper wird altern. Deine Kleider werden aus der Mode kommen. Dein Arbeitsplatz wird von einer jüngeren Person besetzt werden. Deine Bekannten werden gelegentlich an dich denken, aber nur wenn sie zufällig irgendetwas an dich erinnert. Sogar deine Gemeinde wird neue Mitglieder willkommen heißen und ihren Dienst auch ohne dich fortsetzen. In deinen Kindern aber wird sich dein Leben und dein Einfluss fortsetzen: wie Wellen, die an kein Ende kommen und weiter sanft durch ihr Herz, ihren Verstand und ihren Glauben rollen. Deshalb schrieb ein biblischer Autor: „Nun, da ich alt und grau bin, verlass mich nicht, o Gott. Lass mich von deiner Macht auch der kommenden Generation noch erzählen und von deiner Kraft allen, die nach mir kommen" (Psalm 71,18).

Lass das ganze Maß deiner Liebe also vor allem anderen in diese kostbaren, unersetzlichen Beziehungen fließen. Und vergewissere dich, dass du das auch wirklich tust. Dann wirst du Gott und die Welt durch deine Kinder segnen. Sowohl jetzt als auch in der Zukunft.

Letztendlich hat Gott dir Kinder geschenkt, damit du sie zu ihm führen und ihnen seine Liebe und sein Wirken auf der Erde zeigen kannst. Damit du sie lehrst, auf seinen Wegen zu gehen. Wir hoffen, dass dich dieses Buch inspiriert hat und dass Gott eines Tages in der Ewigkeit feststellen wird, dass du seiner Absicht entsprochen hast und dieser heiligen Aufgabe treu nachgekommen bist. Dann wird er dir die vielen Generationen zeigen, die du gesegnet hast und die dank deiner Hilfe in den Himmel gekommen sind. Dort können wir seine Herrlichkeit sehen und für alle Ewigkeit genießen.

Das ist das Ziel von *40 Tage Liebe wagen für Eltern*.

DEINE HERAUSFORDERUNG FÜR HEUTE

LIES PSALM 71,18 UND SCHREIBE AUF DER GRUNDLAGE DIESES VERSES EINEN BRIEF MIT DEINEM VERMÄCHTNIS AN DEINE KINDER, DEN SIE AN DIE IHNEN NACHFOLGENDEN GENERATIONEN WEITERGEBEN KÖNNEN. BESCHREIBE DARIN DEINEN GLAUBEN, DEINE WERTE UND DEINE LIEBE ZU IHNEN UND VERLEIHE DEINER HOFFNUNG AUSDRUCK, DASS GOTT DIE GENERATIONEN, DIE NACH DIR KOMMEN, REICH SEGNEN WIRD. ÜBERREICHE DIESEN BRIEF JEDEM DEINER KINDER (UND VIELLEICHT AUCH DEINEN ENKELKINDERN) ALS EIN GESCHENK UND EIN VERMÄCHTNIS DEINES LEBENS … UND DEINER LIEBE.

❑ Setze hier ein Häkchen, wenn du die heutige Herausforderung bewältigt hast.

Wann und in welcher Situation hast du deinen Kindern deinen Brief gegeben? Was erhoffst du dir davon und wofür betest du?

Kommende Generationen werden ihm dienen;
ihnen wird man erzählen, was der Herr getan hat. (Psalm 22,31)

ANHANG I

10 revolutionäre Ideen, wie ihr als Familie mehr Zeit miteinander verbringen könnt

1. *Erkläre dem Fernseher den Krieg.* Der durchschnittliche Deutsche verbringt täglich etwa 220 Minuten vor dem Fernseher. Hochgerechnet bedeutet das, dass er pro Jahr etwa 56 Tage – und zwar rund um die Uhr – passiv vor dem Fernseher sitzt und sich berieseln lässt. Überlege dir doch einmal, ob du den Einschaltknopf auf deiner Fernbedienung mit Klebeband abkleben willst. Diese Entscheidung kann ganze Familien verändern.

2. *Packt eure Sachen und macht einen Campingausflug.* Familien, die zusammen campen gehen, entwickeln normalerweise eine große Verbundenheit. Weit weg von zu Hause seid ihr gezwungen, zusammenzuarbeiten, wenn es zu Pannen kommt – und die Erinnerungen daran werden oft zu lustigen Geschichten, über die ihr später noch lange lachen könnt. Kauft euch ein Zelt und sucht euch einen passenden Standort. Herauszufinden, wie man es aufbaut, ist schon das halbe Vergnügen.

3. *Entwickelt feste, gemeinsame Gewohnheiten.* Lies 5. Mose 6,7 und schau dir dann an, welche vier Aktivitäten bei euch allen fest zum Tagesablauf gehören. Nutze diese Gelegenheiten, um mit deinen Kindern zusammen zu sein und mit ihnen zu sprechen. Die Zeiten, die ihr jeden Tag mit Umarmungen am Morgen, gemeinsamem Lachen beim Frühstück, mit Gutenachtgeschichten und dem abendlichen Zudecken und Beten verbringt,

werden sich zu Jahren unvergesslicher Momente aufaddieren, von denen ihr keinen missen wollen werdet.

4. *Nimm deine Familie auf eine Geschäftsreise mit.* Fang an, deine Geschäftsreisen rechtzeitig zu planen und nimm, wann immer das möglich ist, deine ganze oder Teile deiner Familie mit. Die Tatsache, dass deine Firma deinen Teil eurer Reisekosten bezahlt und deine Familie auf diese Weise eine neue Stadt kennenlernt, macht die Sache umso vergnüglicher.

5. *Esst gemeinsam – zu Hause oder auswärts.* Ein gemeinsames Essen ist immer ein guter Weg, um die Verbundenheit mit anderen zu fördern. Führ deine Kinder deshalb hin und wieder zum Frühstück oder zum Abendessen aus. Auch zu Hause solltest du sicherstellen, dass zur Essenszeit jeder alles beiseitelegt, was er gerade tut und ihr die Mahlzeiten gemeinsam einnehmt. Nutzt diese Zeit, um miteinander zu sprechen, Fragen zu stellen, einander zu helfen, Geschichten zu erzählen und euch darüber zu informieren, wie es den anderen geht.

6. *Mach deine Kinder zu deinen Assistenten.* Lass deine Kinder dir bei der Hausarbeit helfen und nimm sie mit, wenn du etwas zu erledigen hast. Zur Belohnung kannst du ihnen an der Supermarktkasse etwas Süßes kaufen oder auf dem Heimweg mit ihnen ein Eis essen gehen. Es ist sicher nicht nötig, sie immer zu Hause zu lassen.

7. *Nehmt euch die Sonntage frei.* Gott hat uns geboten, dass wir uns einen Tag in der Woche freinehmen und die Zeit dafür nutzen sollen, ihn anzubeten und uns auszuruhen. Lasst an diesem Tag die Hausarbeit und eure tägliche Routine außen vor und konzentriert euch darauf, neue Kraft für die kommende Woche zu sammeln. Geht in den Gottesdienst, macht einen Mittagsschlaf und widmet den Rest des Tages eurem Familienleben.

8. *Haltet regelmäßige Familienandachten ab.* Schaltet an ein paar Abenden in der Woche den Fernseher, den Computer und das Smartphone aus und trefft euch als ganze Familie für eine halbe Stunde, in der ihr euch unterhaltet, zusammen betet und in der Bibel lest. Dafür braucht es keine Vorbereitung und es ist eine einfache Möglichkeit, deine Familie geistlich zu führen und Gottes Gegenwart gemeinsam zu suchen.

9. *Leg deine Kreditkarte auf Eis.* Eltern, die dazu neigen, über ihre Verhältnisse zu leben, sind oft gezwungen mehr zu arbeiten, damit sie ihren Zahlungsverpflichtungen nachkommen können. Dementsprechend haben sie weniger Zeit für ihre Familie. Wenn du etwas haben willst, das du dir nicht leisten kannst, frage dich, ob es sich wirklich lohnt, dafür Schulden zu machen oder so viel extra zu arbeiten. Gib dir alle Mühe, um mit weniger auszukommen. Wenn du auf eine Sache sparst und sie erst kaufst, wenn du sie bar bezahlen kannst, gibst du deinen Kindern ein gutes Beispiel und bewahrst sie möglicherweise davor, selbst einmal auf Pump zu leben.

10. *Hör auf, deine Freunde beeindrucken zu wollen.* Viele Menschen verschwenden jede Menge Zeit mit dem Versuch, andere zu beeindrucken. Deine Kinder sollten nicht vier Instrumente spielen und sechs Sportarten betreiben müssen, nur damit du mit ihnen angeben kannst. Lass sie sich für ein oder zwei Dinge entscheiden, die sie in einem vernünftigen Maß betreiben können, ohne dass sie ihre gesamte Freizeit in Anspruch nehmen. Und: Eine Auszeichnung bei der Arbeit ist es nicht wert, dass du zu Hause versagst. Überlass die Lorbeeren deines Chefs jemand anderem und mach dafür pünktlich Feierabend.

ANHANG II

Wie du für deine Kinder beten kannst

Wir hören nicht auf, für euch zu beten, dass unser Gott euch für das Leben bereit macht, zu dem er euch berufen hat. Und wir beten, dass Gott eure guten Absichten und das, was ihr aus dem Glauben heraus tut, mit seiner Kraft erfüllt. (2. Thessalonicher 1,11)

Weißt du manchmal nicht, was du sagen sollst, wenn du für deine Kinder betest, und belässt es dann oft dabei, Gott um seinen Schutz und seinen Segen für sie zu bitten?

Tief in unserem Inneren wissen wir, dass allgemeine Gebete meist auch faule Gebete sind. Vielleicht sind sie trotzdem besser als nichts, aber es sind auch nicht gerade die Gebete, die zeigen, wie sehr wir unsere Familie lieben und wie sehr uns jeder Einzelne von ihnen am Herzen liegt.

Die folgenden Vorschläge kommen direkt aus der Bibel und decken über ein Dutzend ganz bestimmte Themen ab, für die du beten kannst. Wir möchten dich dazu anregen, die entsprechenden Verse nachzuschlagen und die darin enthaltenen Verheißungen jeweils so über jedem deiner Kinder zu beten, wie es auf ihre derzeitige Situation passt.

Bete jeden Tag für sie und lass deine Gebete zu einem ständigen Strom der Fürbitte werden, der dein Herz darauf ausgerichtet hält, sich nur das Beste für sie zu wünschen, das Gott für sie hat. Wenn Gott dir neue Dinge zeigt, für die du beten sollst, füge sie deiner Liste hinzu und halte fest, wie Gott darauf reagiert und wie er deine Gebete beantwortet.

Gott verheißt uns, dass er Menschen belohnt, die beharrlich im Glauben beten (siehe Matthäus 7,7-8). Darüber hinaus wird dir deine Gewohnheit, für alle Mitglieder deiner Familie zu beten, dabei helfen, sie stets ganz oben auf deiner Prioritätenliste zu bewahren.

BITTE GOTT FÜR DEINE KINDER, DASS SIE …

1. … den Herrn, ihren Gott, von ganzem Herzen, mit ganzer Seele und mit all ihren Gedanken lieben und auch ihren Nächsten lieben wie sich selbst (siehe Matthäus 22,36-40).
2. … Christus schon sehr früh in ihrem Leben als ihren Herrn kennenlernen (siehe 2. Timotheus 3,15).
3. … das Böse, Stolz, Heuchelei und die Sünde hassen (siehe Psalm 97,10; 38,19; Sprüche 8,13; Römer 12,9).
4. … in jedem Bereich ihres Lebens vor dem Bösen beschützt sind – geistlich, emotional, mental und körperlich (siehe Johannes 17,15; 10,10).
5. … für begangenes Unrecht zur Rechenschaft gezogen werden und die Zurechtweisung des Herrn empfangen (siehe Psalm 119,71; Hebräer 12,5-6).
6. … vom Herrn Weisheit, Verständnis, Einsicht und Urteilsvermögen empfangen (siehe Daniel 1,17 und 20; Sprüche 1,4; Jakobus 1,5).
7. … Autoritätspersonen respektieren und sich ihnen unterordnen (siehe Römer 13,1; Epheser 6,1-3; Hebräer 13,17).
8. … von den richtigen Freunden umgeben sind und falsche Freunde meiden (siehe Sprüche 1,10-16; 13,20).

9. … gläubige Ehepartner finden, ihre Kinder nach Gottes Werten erziehen und diese für Christus leben werden (siehe 2. Korinther 6,14-17; 5. Mose 6).
10. … ihr ganzes Leben lang ihre sexuelle und moralische Reinheit bewahren (siehe 1. Korinther 6,18-20).
11. … ein reines Gewissen bewahren, das dem Herrn gegenüber sensibel bleibt (siehe Apostelgeschichte 24,16; 1. Timotheus 1,19; 4,1-2; Titus 1,15-16).
12. … sich nicht vor dem Bösen fürchten, sondern in der Furcht des Herrn leben (siehe Psalm 23,4; 5. Mose 10,12).
13. … für ihre Familie, die Gemeinde und das Anliegen Christi in der Welt ein Segen sind (siehe Matthäus 28,18-20; Epheser 1,3; 4,29).
14. … Einsicht in den Willen Gottes bekommen und in jedem guten Werk fruchtbar sind (siehe Epheser 1,16-19; Philipper 1,11; Kolosser 1,9).
15. … eine noch tiefere Liebe entwickeln, an Erkenntnis und Einsicht gewinnen und rein und vorbildlich bleiben, bis Christus wiederkommt (siehe Philipper 1,9-10).

ANHANG III

Das Gebet: Blockaden und Schlüssel

Hört nicht auf zu beten und Gott zu danken. (Kolosser 4,2)

DIE BLOCKADEN: ZEHN DINGE, DIE GEBET BLOCKIEREN

Das Gebet wird unwirksam, wenn …

1. **… jemand betet, ohne Gott durch Jesus kennengelernt zu haben.**
   Johannes 14,6 – „Jesus sagte zu ihm: Ich bin der Weg, die Wahrheit und das Leben. Niemand kommt zum Vater außer durch mich."
2. **… jemand betet, der in seinem Herzen nicht bereit ist umzukehren.**
   Psalm 66,18-19 – „Hätte ich in meinem Herzen böse Gedanken, dann hätte mein Herr mich nicht erhört. Aber Gott hat mich erhört! Er hat mein Gebet vernommen!"
3. **… jemand betet, um vor anderen gut dazustehen.**
   Matthäus 6,5 – „Wenn ihr betet, seid nicht wie die Heuchler, die mit Vorliebe in aller Öffentlichkeit an den Straßenecken und in den Synagogen beten, wo jeder sie sehen kann. Ich versichere euch: Das ist der einzige Lohn, den sie jemals erhalten werden."

4. **… sich jemand ständig wiederholt und leere, formelhafte Worte sagt.**
Matthäus 6,7-8 – „Plappert nicht vor euch hin, wenn ihr betet, wie es die Menschen tun, die Gott nicht kennen. Sie glauben, dass ihre Gebete erhört werden, wenn sie die Worte nur oft genug wiederholen. Seid nicht wie sie, denn euer Vater weiß genau, was ihr braucht, noch bevor ihr ihn darum bittet!"

5. **… jemand es gar nicht ausspricht.**
Jakobus 4,2 – „… euch fehlt das, was ihr so gerne wollt, weil ihr Gott nicht darum bittet."

6. **… jemand mit einer falschen Herzenshaltung betet.**
Jakobus 4,3 – „Und selbst wenn ihr darum bittet, bekommt ihr es nicht, weil ihr aus falschen Gründen bittet und nur euer Vergnügen sucht."

7. **... jemand betet, der seinen Partner schlecht behandelt.**
1. Petrus 3,7 – „Für euch Männer gilt: Euer Verhalten gegenüber euren Frauen soll von Achtung geprägt sein. Begegnet ihnen verständnisvoll ... Und vergesst nicht, dass sie wie ihr das ewige Leben von Gott geschenkt bekommen, damit eure Gebete nicht vergeblich sind."

8. **… jemand betet und sich nicht um die Armen kümmert.**
Sprüche 21,13 – „Wer seine Ohren vor den Bitten der Armen verschließt, dem wird auch nicht geholfen werden, wenn er selbst in Not ist."

9. **... jemand betet, der gegenüber einem anderen Menschen Bitterkeit in seinem Herzen trägt.**
Markus 11,25-26 – „Doch wenn ihr betet, dann vergebt zuerst allen, gegen die ihr einen Groll hegt, damit euer Vater im Himmel euch eure Sünden auch vergeben kann."

10. **… jemand betetet, obwohl er keinen Glauben in seinem Herzen hat.**
Jakobus 1,6-8 – „Aber wer ihn fragt, soll auch wirklich mit seiner Antwort rechnen! Denn einer, der zweifelt, ist so aufgewühlt wie eine Meereswoge, die vom Wind getrieben und hin- und hergeworfen wird. Ein solcher Mensch darf nicht erwarten, etwas von Gott zu erhalten, denn er ist unbeständig und schwankt ständig hin und her."

DIE SCHLÜSSEL: ZEHN DINGE, DIE GEBET FÖRDERN

Das Gebet hat Kraft, wenn …

1. **… jemand bittet, sucht und anklopft.**
Matthäus 7,7-8 und 11 – „Bittet, und ihr werdet erhalten. Sucht, und ihr werdet finden. Klopft an, und die Tür wird euch geöffnet werden. Denn wer bittet, wird erhalten. Wer sucht, wird finden. Und die Tür wird jedem geöffnet, der anklopft. Wenn ihr, die ihr Sünder seid, wisst, wie man seinen Kindern Gutes tut, wie viel mehr wird euer Vater im Himmel denen, die ihn darum bitten, Gutes tun."

2. **… jemand im Glauben betet.**
Markus 11,24 – „Hört auf meine Worte! Ihr könnt beten, worum ihr wollt – wenn ihr glaubt, werdet ihr es erhalten."

3. **… sich jemand zum Beten zurückzieht.**
Matthäus 6,6 – „Wenn du betest, geh an einen Ort, wo du allein bist, schließ die Tür hinter dir und bete in der Stille zu deinem Vater. Dann wird dich dein Vater, der alle Geheimnisse kennt, belohnen."

4. **… jemand gemäß dem Willen Gottes betet.**
1. Johannes 5,14 – „Und wir dürfen zuversichtlich sein, dass er uns erhört, wenn wir ihn um etwas bitten, das seinem Willen entspricht."

5. **… jemand im Namen Jesu betet.**
Johannes 14,13-14 – „Ihr dürft in meinem Namen um alles bitten, und ich werde eure Bitten erfüllen, weil durch den Sohn der Vater verherrlicht wird. Bittet, um was ihr wollt, in meinem Namen, und ich werde es tun!"

6. **… jemand in Übereinstimmung mit anderen Christen betet.**
Matthäus 18,19-20 – „Und ich sage euch auch: Wenn zwei von euch hier auf der Erde darin eins werden, eine Bitte an Gott zu richten, dann wird mein Vater im Himmel diese Bitte erfüllen. Denn wo zwei oder drei zusammenkommen, die zu mir gehören, bin ich mitten unter ihnen."

7. **... jemand betet und fastet.**
Apostelgeschichte 14,23 – „In jeder Gemeinde beriefen sie Älteste. Sie fasteten und beteten und befahlen sie der Fürsorge des Herrn, an den sie nun gläubig geworden waren."

8. **… jemand ein gehorsames Leben führt.**
1. Johannes 3,21-22 – „Liebe Freunde, wenn unser Gewissen rein ist, können wir mit Zuversicht und mutig vor Gott treten. Und wir werden von ihm bekommen, was immer wir erbitten, weil wir ihm gehorchen und tun, was ihm Freude macht."

9. **… jemand in Christus und seinem Wort bleibt.**
   Johannes 15,7 – „Doch wenn ihr mit mir verbunden bleibt und meine Worte in euch bleiben, könnt ihr bitten, um was ihr wollt, und es wird euch gewährt werden!"

10. **… jemand sich am Herrn freut.**
    Psalm 37,4 – „Freu dich am Herrn, und er wird dir geben, was dein Herz wünscht."

ZUSAMMENFASSUNG

1. **Deine Beziehung zu Gott muss in Ordnung sein.**
2. **Deine Beziehung zu anderen Menschen muss in Ordnung sein.**
3. **Deine Herzenshaltung muss in Ordnung sein.**

ANHANG IV

Wie finde ich Frieden mit Gott?

Denn er ist unser Friede. (Epheser 2,14; Elberfelder)

Gott hat uns erschaffen, damit wir ihn erfreuen und ehren. Aber weil wir stolz und selbstsüchtig sind, haben wir alle darin schon oft versagt. Wir alle – wir Eltern wie auch unsere Kinder – haben gegen ihn gesündigt und mit unserem Leben nicht die Herrlichkeit Gottes zum Ausdruck gebracht, so wie es ihm gebührt (siehe Römer 3,23).

Wenn du von dir behauptest, ein guter Mensch zu sein, dann beantworte dir selbst mal ganz ehrlich die Frage, ob du noch nie gegen Gott gehandelt hast – sei es durch Lügen, Betrug, Begehren, Stehlen, die Rebellion gegen Autoritätspersonen oder den Hass auf andere. Diese Sünden ziehen nicht nur in unserem jetzigen Leben Konsequenzen nach sich – sie haben auch zur Folge, dass wir nicht mehr gerecht vor Gott stehen und deshalb die Ewigkeit nicht mit ihm im Himmel verbringen können.

Gott ist heilig, deshalb muss er alles Sündhafte zurückweisen (siehe Matthäus 13,41-43). Und weil er ohne Fehler ist, kann er nicht zulassen, dass wir ungestraft davonkommen, wenn wir gegen ihn gesündigt haben. Sonst wäre er kein gerechter Richter (siehe Römer 2,5-8). In der Bibel heißt es, unsere Sünden trennen uns von Gott (siehe Jesaja 59,2), und der Lohn der Sünde ist der Tod (siehe Römer 6,23). Damit ist nicht nur unser körperlicher Tod gemeint, sondern auch unser geistlicher Tod, der uns in Ewigkeit von Gott trennt.

Viele Menschen sind sich nicht darüber im Klaren, dass wir weder unsere Sünden ungeschehen machen noch uns irgendwie vor Gott reinwaschen können, indem wir hin und wieder etwas Gutes tun. Wenn das der Fall wäre, könnten wir uns unseren Weg in den Himmel verdienen, und wir würden leugnen, dass Gott in seiner Gerechtigkeit die Sünde richtet. Aber das ist unmöglich und ganz abgesehen davon verleugnen wir damit Gottes Charakter und seine Verheißungen und berauben ihn der Ehre, die ihm gebührt. Die gute Nachricht lautet: Gott ist nicht nur gerecht, sondern auch liebevoll und barmherzig. Er hat einen besseren Weg für uns bereitet, Vergebung zu erlangen und ihn kennenzulernen.

Weil er uns liebt, so heißt es in der Bibel, hat Gott seinen einzigen Sohn Jesus Christus auf die Erde gesandt, um an unserer Stelle zu sterben. Jesus, der ohne jede Sünde war, nahm unsere Strafe auf sich und bezahlte durch sein Blut den Preis für unsere Vergehen. Durch den Opfertod Jesu wurde der Gerechtigkeit Gottes Genüge getan und darüber hinaus offenbarte er auf vollkommene Weise Gottes Liebe und Barmherzigkeit. Drei Tage nach seinem Tod weckte Gott Jesus von den Toten auf, wie er es verheißen hatte, um zu beweisen, dass er der Sohn Gottes ist (siehe Apostelgeschichte 13,26-43; Römer 1,4).

Gott dagegen beweist uns seine große Liebe dadurch, dass er Christus sandte, damit dieser für uns sterben sollte, als wir noch Sünder waren. (Römer 5,8)

Denn Gott hat die Welt so sehr geliebt, dass er seinen einzigen Sohn hingab, damit jeder, der an ihn glaubt, nicht verloren geht, sondern das ewige Leben hat. (Johannes 3,16)

Der Tod und die Auferstehung Jesu Christi haben uns wie auch unseren Kindern den Weg dafür geebnet, Vergebung zu erlangen und unseren Frieden mit Gott zu finden. Manch einem mag es nicht richtig erscheinen, dass die Erlösung ein Geschenk ist. Aber die Bibel lehrt uns, dass Gott uns durch dieses Geschenk den überragenden Reichtum seiner Gnade und Güte offenbaren will (siehe Epheser 2,1-7). Er ruft alle Menschen dazu auf, sich von ihren Sünden abzuwenden (siehe Apostelgeschichte 17,30-31) und in Demut auf die Erlösung Jesu zu vertrauen.

Wenn wir unser Leben seiner Herrschaft und seiner Kontrolle unterordnen, schenkt er uns Vergebung und ewiges Leben.

Denn der Lohn der Sünde ist der Tod; das unverdiente Geschenk Gottes dagegen ist das ewige Leben durch Christus Jesus, unseren Herrn. (Römer 6,23)

Millionen von Menschen auf der ganzen Welt haben bereits Frieden mit Gott gefunden, indem sie ihr Leben Jesus Christus übergeben haben. Doch diese Entscheidung muss jeder für sich selbst treffen.

Wenn du mit deinem Mund bekennst, dass Jesus der Herr ist, und wenn du in deinem Herzen glaubst, dass Gott ihn von den Toten auferweckt hat, wirst du gerettet werden. (Römer 10,9)

Hält dich irgendetwas davon ab, Jesus dein Leben anzuvertrauen? Wenn du erkannt hast, dass du Vergebung brauchst und bereit bist, eine Beziehung mit Gott einzugehen, ermutigen wir dich, es jetzt im Gebet zu tun. Gestehe Gott deine Fehler ehrlich ein und sage ihm, dass du seine Vergebung brauchst. Entscheide dich dafür, dich von deinen Sünden abzuwenden und dein Vertrauen von jetzt an auf ihn und sein Werk am Kreuz zu setzen. Und dann öffne ihm dein Herz und lade ihn in dein Leben ein. Bitte ihn, dich zu erfüllen und zu verändern und in deinem Leben die Kontrolle zu übernehmen.

Wenn du unsicher bist, welche Worte du dafür wählen sollst, kann dir das nachfolgende Gebet als Anleitung dienen:

Herr Jesus, ich weiß, dass ich gegen dich gesündigt habe
und es verdiene, von Gott verurteilt zu werden.
Ich glaube, dass du am Kreuz gestorben bist,
um für meine Sünden zu bezahlen. Ich entscheide mich jetzt
dafür, mich von meinen Sünden abzuwenden
und bitte dich um Vergebung. Jesus, sei du der Herr
meines Lebens. Erfülle mein Herz und übernimm die Kontrolle.
Verändere mich und hilf mir, den Rest meines Lebens
für dich zu leben. Danke, dass du mir einen Platz
im Himmel bereitest, wenn ich sterbe. Amen.

Wenn du dieses Gebet aufrichtig gesprochen und dein Leben Jesus anvertraut hast, gratulieren wir dir zu diesem Schritt und ermutigen dich, anderen von deiner Entscheidung zu erzählen. Nun gilt es, auf deiner geistlichen Reise einige wichtige erste Schritte zu unternehmen.

Zunächst einmal solltest du dir eine gute Gemeinde suchen, deren Lehre auf der Bibel basiert, und dann dem Gebot Christi nachkommen, dich taufen zu lassen. Die Taufe ist ein Meilenstein auf deinem Weg mit Jesus, denn dadurch bekennst du dich öffentlich zu deinem Glauben, du teilst deinen Glauben mit anderen und startest in dein neues geistliches Leben. Besuche regelmäßig den Gottesdienst deiner Gemeinde und knüpfe Kontakte zu anderen Christen. Sie werden dich ermutigen, für dich beten und dir helfen, geistlich zu wachsen. Wir alle brauchen Gemeinschaft und wir alle brauchen Menschen, die uns begleiten und unterstützen.

Außerdem solltest du dir eine Bibel zulegen. Such dir aus den verschiedenen Übersetzungen diejenige aus, die für dich am verständlichsten ist, und lies jeden Tag ein paar Minuten darin. Fang am besten mit dem Johannesevangelium an und lies dann

Stück für Stück das übrige Neue Testament. Bitte Gott, dir zu zeigen, wie du ihn lieben und mit ihm leben kannst. Wenn du betest, danke Gott für dein neues Leben, bekenne ihm deine Sünden und bitte ihn um das, was du brauchst.

Nutze die Möglichkeiten, die Gott dir bietet, mit anderen über deinen Glauben zu sprechen. In der Bibel heißt es: „Macht Christus zum Herrn eures Lebens. Und wenn man euch nach eurer Hoffnung fragt, dann seid immer bereit, darüber Auskunft zu geben …“ (1. Petrus 3,15). Es gibt keine größere Freude, als Gott zu kennen und anderen von ihm zu erzählen.

Und als Eltern haben wir das wunderbare Vorrecht, unseren Kindern von ihm zu erzählen. Wenn du durch den Glauben und Gottes Gnade seine Vergebung für deine Sünden empfangen hast – sei es jetzt oder bereits vor vielen Jahren –, berichte deiner ganzen Familie von dieser wunderbaren Neuigkeit. Wenn deine Kinder sich Gott noch nicht zugewandt haben und alt genug sind, diesen Schritt zu verstehen, ermutige sie und lade sie ein, sich dir auf dieser Reise anzuschließen, die so viel Frieden und Freude mit sich bringt und ihnen in Christus einen Sinn und ein Ziel für ihr ganzes Leben schenkt.

Gott hat einen Weg geschaffen, wie wir in ihm Bestätigung und Frieden finden. Es gibt vieles, das wir nicht wissen, und wir können nicht vorhersagen, was in unserem Leben passieren wird. Aber wir haben die Gewissheit, dass er nie von unserer Seite weicht und unsere Seele bei ihm für alle Zeit in Sicherheit ist.

Gott segne dich, wenn du die Wahrheit seiner Verheißungen entdeckst und nach ihnen lebst – und das nicht allein, sondern mit deiner ganzen Familie.

ANHANG V

Großartige Verse, die sich deine Kinder einprägen können

Von all den Dingen, die du in den Verstand und das Herz deiner Kinder einpflanzen willst, bis sie erwachsen sind, bieten die Worte der Bibel die beste Garantie dafür, dass sie ihnen in jeder Lebenssituation helfen und sie in die richtige Richtung führen werden. Wenn die kraftvollen Wahrheiten aus Gottes Wort in ihrem Herzen bleiben, kann der Heilige Geist sie ihnen zur richtigen Zeit in Erinnerung rufen.

Manche Menschen fühlen sich bei der Vorstellung, Bibelverse auswendig zu lernen, eher überfordert. Aber wie bei allem, was du wirklich willst, wirst du schon bald merken, dass es dir leichter fällt, als du geglaubt hast. Wenn Menschen sagen, dass sie etwas nicht können, bedeutet das in Wirklichkeit, dass sie nicht bereit sind, die Mühe dafür auf sich zu nehmen. Deshalb steck dir hohe Ziele, mach dir das Auswendiglernen von Bibelversen zur Priorität und zeig deinen Kindern, wie du Gottes Wort in deinem Herzen bewahrst (siehe Psalm 119,11).

Wenn ihr damit anfangt, gemeinsam Verse auswendig zu lernen, wird euch das auch als Familie mehr und mehr zusammenschweißen. Denk an diese Verse, bevor du abends einschläfst, wenn du zur Arbeit fährst oder Besorgungen machst. Sie werden dir erheblich mehr Gutes tun als die alten Hits im Radio oder die zigste Wiederholung eines Films im Fernsehen. Und du wirst wissen, dass du deinen Kindern ein verlässliches Erbe von Wahrheit, Einsicht und Weisheit weitergibst.

Hier findest du eine Liste mit herausragenden Versen, Absätzen und auch ganzen Kapiteln, die deine Kinder auswendig lernen können:

WICHTIGE THEMEN

- den Eltern gehorchen (Epheser 6,1-3)
- Gottes Wort wertschätzen (Psalm 119,11 und 105)
- Gott vertrauen (Sprüche 3,5-6)
- sich Gott unterordnen (Römer 12,1; Lukas 9,23)
- die Zeit nutzen (Epheser 5,15-16)
- gerecht handeln und Barmherzigkeit lieben (Micha 6,8)
- weise leben (Prediger 12,1 und 13-14)
- die falschen Freunde meiden (1. Korinther 15,33)
- die Versuchung bekämpfen (1. Korinther 10,13)
- ermächtigt durch Christus (Galater 2,20; Philipper 4,13)
- Sünde bekennen (Sprüche 28,13; 1. Johannes 1,9)
- anderen vergeben (Epheser 4,32)
- sich nicht sorgen (Philipper 4,6-7)
- reine Gedanken haben (Philipper 4,6-8)
- Jesus kennen (Johannes 3,16; 10,10; 14,6; 15,5)

LÄNGERE ABSCHNITTE

- die Zehn Gebote (2. Mose 20,1-17)
- die „Römerstraße zur Erlösung" (Römer 3,23; 5,8; 6,23; 10,9-10)
- die größten Gebote (Matthäus 22,36-40)
- der große Auftrag (Matthäus 28,18-20)
- das Vaterunser (Matthäus 6,9-15)
- die Waffenrüstung Gottes (Epheser 6,10-18)
- das Wesen der Liebe (1. Korinther 13,4-8)
- die Frucht des Geistes (Galater 5,22-23)

GANZE KAPITEL

- Psalm 1; 15; 23; 91; 139
- Sprüche 3
- Römer 6; 8; 12
- Epheser 4; Philipper 4; Kolosser 1; 2. Timotheus 2

ANHANG VI

Fragen an deine Kinder

Wenn du das nächste Mal ungestört Zeit mit einem deiner Kinder verbringst – entweder zu Hause oder wenn ihr etwas gemeinsam unternehmt –, nutze die Gelegenheit und versuche, anhand der nachfolgenden Fragen mehr über dein Kind, seine Gedanken, seine Wünsche und Träume zu erfahren. Sicher werden dabei noch weitere Fragen auftauchen, denen du gerne nachgehen würdest. Sorge auf jeden Fall dafür, dass das Gespräch offen und ausgesprochen positiv bleibt und sich dein Kind emotional bei dir aufgehoben fühlt. Konzentriere dich mehr darauf zuzuhören als selbst zu reden. „Guter Rat liegt tief im Herzen eines Menschen verborgen, doch ein kluger Mensch weiß ihn hervorzuholen" (Sprüche 20,5).

ALLGEMEINE FRAGEN

- Wie geht es dir? Womit beschäftigst du dich gerade?
- Gibt es in den nächsten Wochen etwas, auf das du dich wirklich freust?
- Was genießt du an deinem Leben gerade am meisten?
- Was gefällt dir an deinem Leben gerade am wenigsten?
- Gibt es gerade etwas, das dich sehr stresst oder dir Sorgen bereitet?

FRAGEN ZU HOFFNUNGEN UND TRÄUMEN

- Was wolltest du schon immer einmal tun, wozu du bisher nicht die Gelegenheit hattest?
- Wie soll dein Leben heute in fünf Jahren aussehen? Was wünschst du dir?
- Was wäre dein absoluter Traumjob (wenn du alles machen könntest, was du willst und dafür bezahlt würdest)?
- Wenn du die Möglichkeit hättest, mit irgendeiner Person auf dieser Welt einen Tag zu verbringen, wen würdest du dir aussuchen? Warum?
- Welches Geschenk würde dich überglücklich machen?
- Wenn du eine Million Euro hättest, was würdest du damit machen?

FRAGEN ZUM SICH-GELIEBT-FÜHLEN

- Womit habe ich dir in der Vergangenheit das Gefühl vermittelt, dass du wirklich geliebt bist?
- Was kann ich in der Zukunft für dich tun, damit du dich geliebt fühlst? Was würde dir dabei helfen?
- Welches der folgenden Dinge genießt du am meisten?

1. Wenn ich dich eine Weile in den Armen halte oder dir den Rücken streichle?

2. Wenn ich mir eine Stunde Zeit nehme, um mit dir über ein Thema deiner Wahl zu sprechen?

3. Wenn dir jemand bei einem Projekt hilft, das dir sehr am Herzen liegt und dich dabei unterstützt?

4. Wenn dich jemand ermutigt und dir sagt, was er an dir mag?
5. Wenn du ein schönes Geschenk bekommst?

FRAGEN ZU EUCH ALS ELTERN

- Welche drei Dinge, die ich tue, magst du besonders gern?
- Was, glaubst du, könnte ich an mir ändern, um eine bessere Mutter/ein besserer Vater zu werden?
- Was willst du später anders machen, wenn du selbst Kinder hast?
- Welche Worte würdest du gerne öfter von mir hören?
- Habe ich dich verletzt oder dir auf irgendeine Weise Unrecht getan? Bist du gerade ärgerlich auf mich?
- Gibt es etwas, das du mich fragen willst? Beschäftigt dich gerade etwas?
- Wie kann ich für dich beten?

PERSÖNLICHE FRAGEN

- Bist du so, wie es gerade ist, glücklich mit deinem Leben?
- Bist du gern ein Teil unserer Familie? Bist du gern du selbst?
- Worüber denkst du gerade viel nach?
- Bei wem fühlst du dich am sichersten, wenn du mit ihm redest oder mit ihm zusammen bist? Warum?
- Gibt es jemanden, der dich verletzt hat und dem du nicht vergeben kannst?

- Was würdest du heute anders machen, wenn du die Zeit zurückdrehen könntest?
- Gibt es etwas, das du mir nicht erzählen kannst, weil du dich davor fürchtest, wie ich darauf reagieren könnte?
- Wie geht es dir gerade in deiner Beziehung mit Gott?
- Was glaubst du, von welcher Entscheidung möchte Gott, dass du sie als Nächstes für ihn triffst?

Ermutige dein Kind und hör ihm aufmerksam zu. Lass nicht zu, dass sich aus den obigen Fragen ein Streit entwickelt und spare dir jede Kritik. Gib deinem Kind einfach die Gelegenheit, sich zu äußern und dir mehr von sich zu erzählen.

Du sollst den Zustand deiner Herden kennen und dich mit Leib und Seele ihrer Pflege widmen … (Sprüche 27,23)

ANHANG VII

Das Wort Gottes in meinem Leben

Die folgenden Bekenntnisse sollen dir helfen, den richtigen Zugang zu Gottes Wort zu finden.

Die Bibel ist das Wort Gottes.

Das Wort Gottes ist heilig, unfehlbar und absolut verbindlich (siehe Sprüche 30,5-6; Johannes 17,17; Psalm 119,89).

Es ist nützlich zur Lehre, zur Überführung, zur Zurechtweisung, zur Unterweisung in der Gerechtigkeit (siehe 2. Timotheus 3,16).

Es hilft mir, geistlich zu reifen und rüstet mich für jedes gute Werk aus (siehe 2. Timotheus 3,17).

Es ist eine Leuchte für meinen Fuß und ein Licht für meinen Pfad (siehe Psalm 119,105).

Es macht mich meinen Feinden überlegen (siehe Psalm 119,97-100).

Es lässt mich während der Stürme des Lebens fest stehen (siehe Matthäus 7,24-27).

Wenn ich glaube, dass es die Wahrheit ist, wird es mich frei machen (siehe Johannes 8,32).

Wenn ich es in meinem Herzen bewahre, wird es mich in Zeiten der Versuchung beschützen (siehe Psalm 119,11).

Wenn ich in seinem Wort bleibe, werde ich zu einem wahren Jünger (siehe Johannes 8,31).

Wenn ich darüber nachsinne, werde ich Erfolg haben (siehe Josua 1,8).

Wenn ich es befolge, werde ich belohnt und meine Liebe wird vollendet werden (siehe Psalm 19,8-12; 1. Johannes 2,5).

Es ist lebendig, wirksam und urteilt richtig (siehe Hebräer 4,12).

Es ist das Schwert des Geistes (siehe Epheser 6,17).

Es ist süßer als Honig und wertvoller als Gold (siehe Psalm 19,11).

Es ist unverwüstlich und hat für alle Zeit im Himmel Bestand (siehe 2. Korinther 13,7-8; Psalm 119,89).

Es ist die absolute Wahrheit, denn Gott kann nicht lügen (siehe Johannes 17,17; Titus 1,2).

Es sagt uns die Wahrheit über Gott (siehe Römer 3,4 und 16,25 und 27; Kolosser 1).

Es sagt uns die Wahrheit über die Menschen (siehe Jeremia 17,9; Psalm 8,4-6).

Es sagt uns die Wahrheit über die Sünde (siehe Römer 3,23).

Es sagt uns die Wahrheit über die Erlösung (siehe Apostelgeschichte 4,12; Römer 10,9).

Es sagt uns die Wahrheit über den Himmel und die Hölle (siehe Offenbarung 21,8).

Herr, öffne mir die Augen, damit ich die Wahrheit erkenne,
öffne mir die Ohren, damit ich die Wahrheit höre.
Öffne mein Herz, damit ich sie im Glauben annehmen kann.
Erneuere meinen Sinn, damit ich sie voller Hoffnung bewahren kann.
Nimm Einfluss auf meinen Willen, damit ich sie mit Liebe leben kann.
Erinnere mich daran, dass ich der Wahrheit verpflichtet bin,
wenn ich sie höre.
Gib mir den Wunsch, dem zu gehorchen, was du durch sie sagst.
Verändere mein Leben, damit ich sie erkennen kann.
Leg mir das Bedürfnis aufs Herz, sie mit anderen zu teilen.

Sprich jetzt zu mir, Herr.
Schenk mir den leidenschaftlichen Wunsch, deinen Willen zu
erkennen und ihn zu befolgen.
Nicht mehr. Nicht weniger. Nichts sonst.

Weitere Ratgeber von FRANCKE

Gary Chapman, Ross Campbell
Die 5 Sprachen der Liebe für Kinder
Wie Kinder Liebe ausdrücken und empfangen
ISBN 978-3-86827-437-0
224 Seiten, Paperback

Ihre ganze Liebe gilt Ihren Kindern. Aber sind Sie sich sicher, dass Ihre Kinder das auch spüren? Denn – was versteht Ihr Kind überhaupt unter Liebe? Lernen Sie mit diesem Bestseller die Muttersprache der Liebe, die Ihr Kind spricht, und es wird die Geborgenheit erfahren, die es zu einem liebesfähigen Menschen heranwachsen lässt. Lernen Sie, es wirklich zu verstehen – weil ein gesundes Familienklima so wichtig ist!

Gary Chapman
Die 5 Sprachen der Liebe für Teenager
ISBN 978-3-86827-684-8
328 Seiten, Paperback

Fast über Nacht hat sich die süße Tochter, der fröhliche Sohn in einen mürrischen Teenager verwandelt. Die bisherigen Erziehungsmethoden greifen nicht mehr; wir Eltern fragen uns ratlos: »Was machen wir plötzlich falsch?«
In diesem Ratgeber zeigt Dr. Gary Chapman, wie Eltern ihrem Teenager ihre Liebe zeigen können. Er erklärt, worauf Eltern achten müssen, und geht auch auf besondere Herausforderungen ein, z.B. für Alleinerziehende oder Patchwork-Familien. Ein unentbehrlicher Begleiter, mit dem Eltern ihre Kinder liebevoll auf dem Weg des Erwachsenwerdens unterstützen können.

Das bewährte Konzept der »5 Sprachen der Liebe« für alle, die mit Teenagern zu tun haben – neu übersetzt und komplett überarbeitet!

Gary Chapman, Paige Haley Drygas
Die 5 Sprachen der Liebe Teen Edition
So werden deine Beziehungen stressfrei
ISBN 978-3-86827-685-5
ca. 240 Seiten, Paperback

Endlich da: Die 5 Sprachen der Liebe in einer Spezialausgabe für Teens!

Egal ob Eltern, Geschwister oder Freunde ... zu jedem dieser Menschen hast du eine Beziehung. Jeder ist dir wichtig, aber jeder ist anders. Hast du dich jemals gefragt warum? Und wie die Beziehungen zu den anderen stressfreier werden könnten?

Das Konzept der 5 Sprachen der Liebe hilft dir dabei. Denn jeder Mensch hat eine andere Art, Liebe auszudrücken und zu empfangen. Wenn du lernst, wie das bei den Menschen um dich herum funktioniert und welches deine eigene Liebessprache ist, hast du eine echte Chance auf tiefe, stabile Beziehungen. Und davon profitieren alle – am meisten du selbst!

Ab 13 Jahren